JN278527

金融機関役職員のための
バリュー・アット・リスクの基礎知識

吉田 洋一 著
Yoshida Yoichi

シグマベイスキャピタル

はじめに

　本書は，リスク管理の実務担当者の視点からまとめた実務担当者向けの入門書である。筆者が行った2つの講義を基に加筆・修正したものである。1つは2005年8月のインターンシップにおける講義（一時間），もう1つは2006年9月に東京都信用金庫協会・関東信用金庫協会の共催による『金融リスクマネジメント講座』での講義（四時間）である。インターンシップの講義では当時の大学3年生が対象であり，『金融リスクマネジメント講座』の講義では，リスク管理実務担当者およびその上席が主な対象となった。

　本書の主な対象は，冒頭に述べたとおり実務担当者である。特に異動等でリスク管理の担当になったばかりの新任担当者を想定している。しかし，実際に大学生に対しても講義を行った経験により，リスク管理，特に「バリュー・アット・リスク」に興味・関心のある学生にも理解できるよう配慮したつもりである。また，地域金融機関の経営陣にも読んでもらえるよう，あるいは担当者による説明の補助教材としても使えるようまとめたものである。

　第1章から第6章までを1つのセクションとしている。このセクションは金融機関職員全員あるいは学生にも理解できるよう平易に解説している。ここでは基礎概念からリスク指標，さらにバリュー・アット・リスク（以下VAR）までを一気に，直感的に理解できるよう，順を追って項目を配列している。ただし，第4章は数学の基礎概念を扱っているので，数学の知識が必要になった時点で読んでもらえればいいだろうし，ファイナンスの知識があれば理解できている部分でもある。第13章にも数学の基礎知識をまとめているので，必要なときにまとめて読んでもらうのがいいかもしれない。

　まずはVARとはどんなものなのかを感覚的に知ってもらうことを第一義

としている。図表や計算式が多く出てくるが，全てを理解できなくてもよしと捉えており，先に進んでもらってもかまわない。VARはとても簡単だが，計算は面倒である。しかし，現在では計算はコンピュータ（パソコン）がやってくれる時代になったので，VARの簡単な考え方だけをしっかり理解し，感覚的に本来の意味をつかんでいただきたいと考えている。

　第7章から第10章までは，経営陣が必要とする項目やVARへの数学的理解を再度しっかりと解説している。巷ではVARをマネジメント手法のひとつであると思っている人々がいるようだが，これは明らかに間違いである。VARは単にリスク量の計算の考え方のひとつなのである。つまりVARを計測したところで，その意味が理解できていなければ算出された数値は何の役にも立たない。だからここでしっかりと数学的な意味を解説しているのである。VARの意味するところがわからないまま，計測された値をマネジメント手法に利用すると思わぬケガをする可能性があることを忘れないでほしい。経営陣クラスでは「図による視覚的理解」を中心に理解してもらうのが間違いが少ないと思う。ただし，どういったロジックで計算しているのかということを一度は見てもらいたい。

　第11章と第12章では，担当者が確認すべき項目を盛り込んでいる。VARシステム導入時からの担当者を想定していないので，自行の基礎データの確認だけはしっかりやってほしい。新たな目線で確認することによって間違いを探すことができる可能性も高くなり，見つけた誤りは早急に修正すれば良い。もし間違いがなければデータの正確性が確認できたことであり，その意味は大きいはずである。そのための基礎知識をここでは取り上げているので，担当者はしっかり読んでチェック作業を是非実践してもらいたい。

　最後に，第13章に数学の補講を追加した。どうしても数学の基礎概念を読者の皆さんにも学んでもらいたいと思い，敢えて追加したものである。第4章と第13章はVAR算出に必要な数学の基礎知識を解説しているので，必要と思われるときに読んでもらうか，まとめて後から読んでもらうか，方法

は問わないが必ず一度は目を通してもらいたい。

　大半の金融関係者はいまだVARに対する知識が少ないのではないかと苦慮している。言葉だけが先行してしまい，会話の中でごく簡単に使われているが，しっかりと理解できている人はどの程度いるのだろうかと心配になる。なぜかと考えてみると，VARそのものの理解が十分でないからである。その原因はVARを正確に教えられる人が身の回りにいないということと，一度で分かった気になってしまうということだと私は想像している。私自身も完璧に教えることができるとは思っていない。しかし，VARの概念は一部の専門家だけが持っていればいい知識ではなく，皆で共有すべき知識だと考えている。前者については私も本書という形で少しは貢献できると思う。後者については読者の皆さんが職場や会議の席上で議論することで，さらに突き詰めていただきたい。また，常にブラッシュアップを図ることを期待している。

2007年2月

吉田　洋一

目次

はじめに ……………………………………………………………………………… 1

第1章　金利の概念 …………………………………………………………… 9

1.1　金利の特性 …………………………………………………………… 10
1.2　将来価値と現在価値 ………………………………………………… 12
1.3　複利と割引率 ………………………………………………………… 14
1.4　金利の期間構造（イールドカーブ）………………………………… 16
1.5　イールドカーブの変化 ……………………………………………… 18

第2章　リスク管理概論 ……………………………………………………… 21

2.1　リスク ………………………………………………………………… 22
2.2　リスクマネジメント ………………………………………………… 24
2.3　新BIS規制 …………………………………………………………… 26

第3章　基礎概念Ⅰ（債券）…………………………………………………… 31

3.1　債券の価格と利回り ………………………………………………… 32
3.2　トレードオフ ………………………………………………………… 37
3.3　キャッシュフロー …………………………………………………… 38

第4章　基礎概念Ⅱ（数学） …… 41

4.1　ベクトル・行列 …… 42
4.2　確率・統計・確率過程 …… 46

第5章　ベーシス・ポイント・バリューと
　　　　グリッド・ポイント・センシティビティ …… 57

5.1　BPV（ベーシス・ポイント・バリュー） …… 58
5.2　GPS（グリッド・ポイント・センシティビティ） …… 61

第6章　バリュー・アット・リスク …… 67

6.1　言葉による概念的理解 …… 68
6.2　数式による数学的理解 …… 69
6.3　図表による視覚的理解 …… 71
6.4　VARのメリットとデメリット …… 72
6.5　BPVとGPSとVARの関係 …… 74

第7章　資本配賦とパフォーマンス評価 …… 77

7.1　資本配賦の考え方 …… 78
7.2　パフォーマンス評価としてのRAROC …… 81

第8章　VAR再考 ……………………………………………… 85

8.1　分散共分散法の概念 ………………………………… 86
8.2　信頼水準と信頼係数 ………………………………… 90
8.3　ヒストリカル法とモンテカルロ法 ………………… 92
8.4　手法の選択 …………………………………………… 94

第9章　スワップの効果 ………………………………………… 97

9.1　長短金利のミスマッチと金利上昇リスク ………… 99
9.2　金利スワップによるヘッジと効果 ………………… 100
9.3　スワップにまつわる実務上の問題点 ……………… 102

第10章　デュレーションとコンベクシティ ………………… 105

10.1　デュレーションの2つの意味 ……………………… 106
10.2　デュレーションの計算 ……………………………… 107
10.3　デュレーションの長所と短所 ……………………… 109
10.4　コンベクシティの概念 ……………………………… 109
10.5　コンベクシティの計算 ……………………………… 110

第11章　データに関するトピックス ………………………… 115

11.1　ラダーとキャッシュフロー ………………………… 116
11.2　ボラティリティ ……………………………………… 119
11.3　バケッティング ……………………………………… 120
11.4　保有期間 ……………………………………………… 122

第12章　分析に関するトピックス …… 125

12.1　マチュリティラダー分析とギャップ分析 …… 126
12.2　ブートストラップ法 …… 127
12.3　重み付け …… 129
12.4　バックテスティングとストレス・テスト …… 130
12.5　期待ショートフォール …… 132

第13章　数学の補講 …… 135

13.1　対数関数と自然対数の底（$\log$ と e） …… 136
13.2　微分 …… 138

おわりに …… 143
参考文献 …… 145
索引 …… 147

【商標】
・Excelは米国Microsoft Corporationの登録商標です。
・RiskMetricsは米国J.P.Morganの登録商標です。
　なお，本文中にTM, ®は明記していません。

第1章　金利の概念

1.1　金利の特性
1.2　将来価値と現在価値
1.3　複利と割引率
1.4　金利の期間構造（イールドカーブ）
1.5　イールドカーブの変化

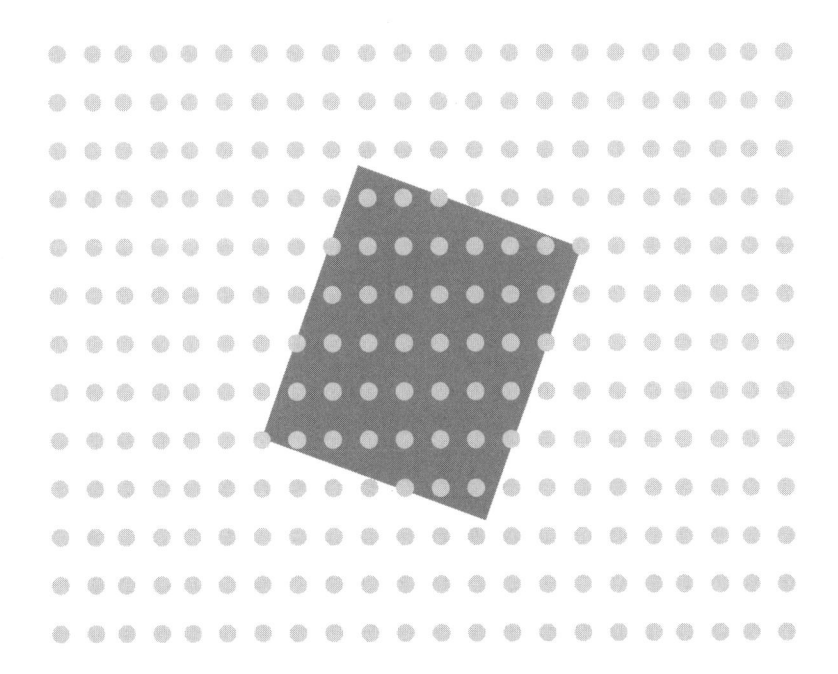

まず、金利の話をしよう。「金利とは何か。」金利とは、「レンタル料」である[1]、と説明しておく。定義ではなく比喩として、レンタカーのレンタル料を例として考えれば理解しやすいと考えたものだ。つまり、レンタカーを借りた人はレンタカーを使用することで得をするから、使用料としてレンタル料を支払う。レンタカーを貸した人は、貸出中は自動車を使用できない対価としてレンタル料をもらう。上の説明で、レンタカーをお金、レンタル料を金利と置き換えれば、金利の意味が簡単に理解できる。

『お金を借りた人は、借りたお金を使用することで得をするから、使用料として金利を支払う。片や、お金を貸した人は、貸出中はお金を使用できない対価として金利をもらう。』

金利とは、お金を使用するときの対価を利率で表示したものである。

1.1 金利の特性

ここでは金利についての2つの特性に注目する。まず、金利の概念に必ずついてくる、もうひとつの概念がある。それは「期間の概念」である。つまり金利を示すときは、たとえば、「期間1年の金利は1％である」という言い方をする。期間の概念のない金利は0％である。ごく当たり前のことだが、見逃しかねない。金利と期間は常にセットで考えなければならないのである。

もうひとつの特性は、「金利は変動する」ということである（図1.1）。金利の動きでは、3種類の金利の変化を月次で表している。もちろん、金利は月単位で変動するわけでなく、瞬時に変動するものもあれば、1日単位あるいは数日単位で変化する変動の少ない金利もあり、さまざまだ。金利の変動に注目しているのは、まさに金利の変動がリスクそのものだからだ。（図1.1）では、長期金利（国債10年もの）、中期金利（国債10年もの残存5年）、短期金利（3ヶ月TIBOR）の3つの指標を表示している。この図から金利の動きはかなり激しいものもあるということを確認してほしい。特に長

期金利の変動は短期金利の変動に比べかなり大きいことがわかる。

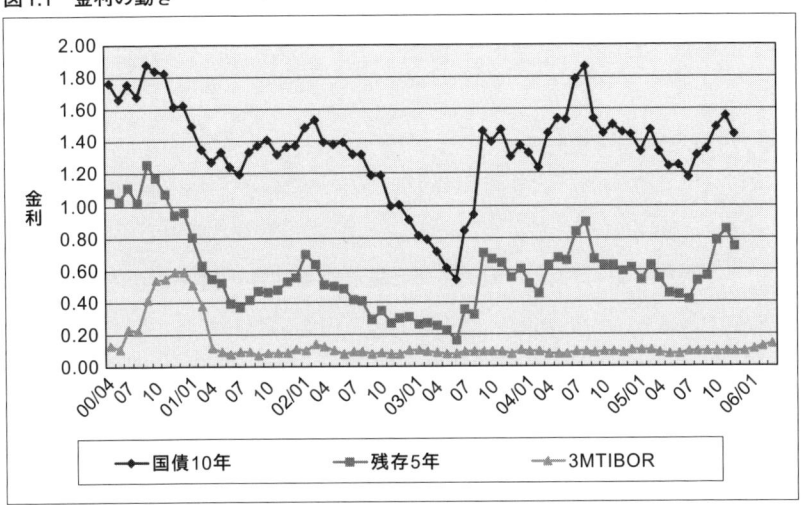

図1.1 金利の動き

さらに，この金利の変動のしかたにも注意を要する。それぞれの期間の個別金利の変動だけでなく，金利の期間構造の変化に注目する必要が出てくる。具体的にはイールドカーブがフラットになるケース（フラットニング）とイールドカーブの傾きが急になるケース（スティープニング），パラレルシフトがある。フラットニングでは短期金利の変動が大きくなることで，イールドカーブの傾きがゆるくなる。一方，スティープニングでは長期金利の変動が大きくなることで，イールドカーブの傾斜がきつくなっていく。パラレルシフトはそれぞれの期間でほぼ同じ程度の金利変動が生じる場合を指している。あるいは，どれにも該当しないが，中期ゾーンの金利だけが上昇（下落）するケースも考えられる。つまり金利の変動といっても，単体で考えるだけでなく，それぞれ期間に対応した金利が相互に影響を及ぼしていることも考慮しなければならない。イールドカーブの変化については，1.5 イールドカーブの変化で詳述する。

簡単に金利の意味づけをすると，金利とは，『お金の値段』であるといえる[2]。冒頭で述べた，「金利とはレンタル料である」という比喩もまんざら捨てたものではなく，そこそこ的を得ている。お金の値段（使用料）をパーセント表示しているのが金利である。

1.2 将来価値と現在価値

次に「今の100万円と1年後の100万円とではどちらの価値が大きいか」というよくある質問を考えてみよう。私なら今の100万円と答えるだろう。なぜか。今の100万円は，1年後（満期）までに他の運用方法で収益を得ることができるからだ。あるいはその100万円を消費したとしても，その消費から満足が得られるからである。たとえば最も金利が低いと思われる銀行預金で預けたと仮定して計算してみよう。金利は，期間1年で1%と仮定する。今の100万円を銀行預金に投資したとすると，1年後には利息1万円が発生し，元金100万円プラスその発生した利息1万円で合計101万円が1年後に戻ってくることになる。この1年後の101万円を今の100万円の将来価値と呼ぶと，今の100万円は現在価値ということになる。金融機関の人間ならごく当たり前の預金利息計算の話である。将来のお金の価値と現在のお金の価値を結びつけているのは，金利であろうということがここからわかる。

ではもう一方の1年後の100万円はどうだろうか。1年後の100万円は今のX万円の将来価値である。それでは1年後の100万円の現在価値はいくらになるだろうか（Xの値を求めること）。まず，預金の利息計算の考え方から将来価値と現在価値の関係式を表記してみよう。

【1.1】将来価値の計算式（1期間）

将来価値＝現在価値＋（現在価値×金利）

＝現在価値×(1＋金利)

上の式は簡単に理解できるだろう。次にこれを現在価値の関係式に変換してみよう。

【1.2】現在価値の計算式（1期間）
$$現在価値 = 将来価値 \times \frac{1}{(1+金利)}$$

この式も簡単に理解できるだろう。基本的な考え方は，この2つの関係式だけである。ここでは1期間の例を用いているので，あとは期間の概念を考慮することが必要となる。

では冒頭の質問を解くことにしよう。【1.2】式に実際の数値を当てはめて計算してみる。すると【1.2】式より990,099円という結果が算出される。これが1年後の100万円の現在価値である。先ほどの，今の100万円の現在価値との比較をしてみよう。今の100万円の現在価値は，1,000,000円である。1年後の100万円の現在価値は，990,099円である。どちらが大きいだろうか。もちろん今の100万円の現在価値の方が大きいということが明らかとなる。よって，先ほどの質問に対し私は今の100万円と答えたが，もちろん正解ということになる。

【1.3】将来価値・現在価値の計算式（多期間）
$$将来価値 = 現在価値 \times (1+金利)^t$$
$$現在価値 = 将来価値 \times \frac{1}{(1+金利)^t}$$

【1.3】式は多期間の場合の関係式を表示している。どこが違うのかというと，右辺第2項の（1＋金利）の肩にtという期間を表す文字がついているだけである。これは預金金利で考えれば，複利計算ということになり，（1＋金利）のt乗ということを示している。さらに【1.2】式の右辺の第2項と，【1.3】下の式（現在価値），右辺の第2項はディスカウントファクターと呼

ばれている。このディスカウントファクターという概念を使うことによって，現在価値の計算も掛け算だけの，非常にシンプルな計算式として表現することができる。

図1.2　将来価値と現在価値（1）

100万円の将来価値

	1％の複利利回	将来価値
1年後	1.01	1,010,000
2年後	1.0201	1,020,100
3年後	1.030301	1,030,301

100万円の現在価値

	1％のDF	現在価値
1年後の100万円	0.990099	990,099
2年後の100万円	0.980296	980,296
3年後の100万円	0.970590	970,590

（図1.2）では，100万円の将来価値と現在価値の3年分を表示している。将来価値の表では，現在価値100万円にそれぞれの複利を掛けているだけである。同じように現在価値の表でも，将来価値100万円にそれぞれのディスカウントファクター（表では1％のDF）を掛けているだけである。

1.3　複利と割引率

前節では，将来価値と現在価値の関係を解説した。次に金利の中の複利，割引率について説明していこう。1期間の関係式を再度簡潔に表記する。

【1.4】将来価値＝現在価値×（複利）

【1.5】現在価値＝将来価値×（ディスカウントファクター）

2つの式の右辺第1項に1を代入すると,それぞれが算出されるという関係なので,考え方は全く同じである。つまり,金額で表すと「将来価値と現在価値」,利率で表すと「複利と割引率」ということになる。以上を考慮すれば,金利の特性の最後のところで,『金利とは,お金の値段である』という意味づけの意図が理解できるだろう。金利はパーセント表示されているお金の値段である。パーセント表示されていると誰も値段だとはまったく想像もできないが,価値の関係式と同じしくみになっていることから,値段といってもいいだろう。これを図に示すと,(図1.3)(図1.4)のようになる。縦軸の単位が異なるだけで,まったく同じ形状となっていることがわかる。

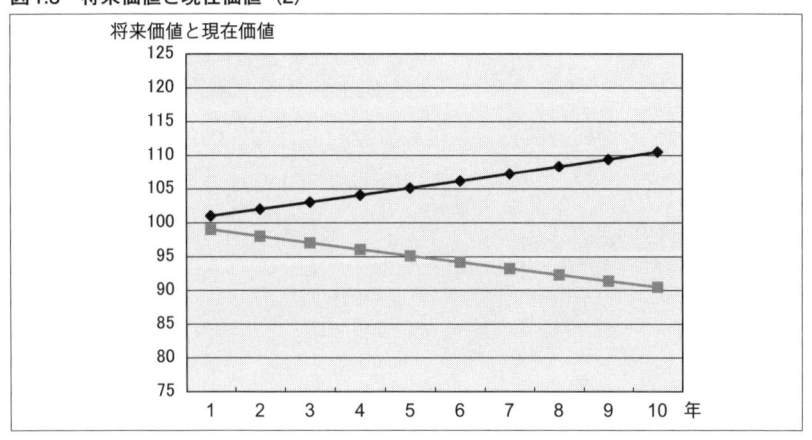

図1.3 将来価値と現在価値(2)

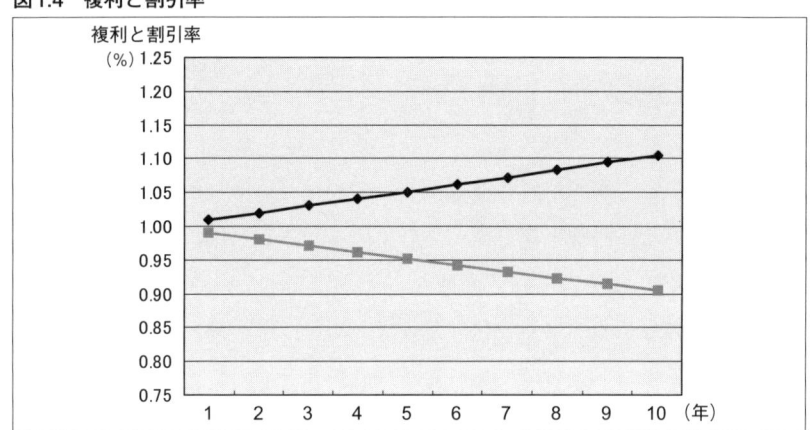

図1.4 複利と割引率

1.4 金利の期間構造（イールドカーブ）

金利の特性で述べたように，金利の概念には必ず期間の概念がついてくる。その金利[3]と期間の関係を，縦軸に金利，横軸に残存期間をとってグラフ化したものがイールドカーブ（利回り曲線）と呼ばれている。これによって表された期間に対応した金利の構造を「金利の期間構造」と呼んでいる。

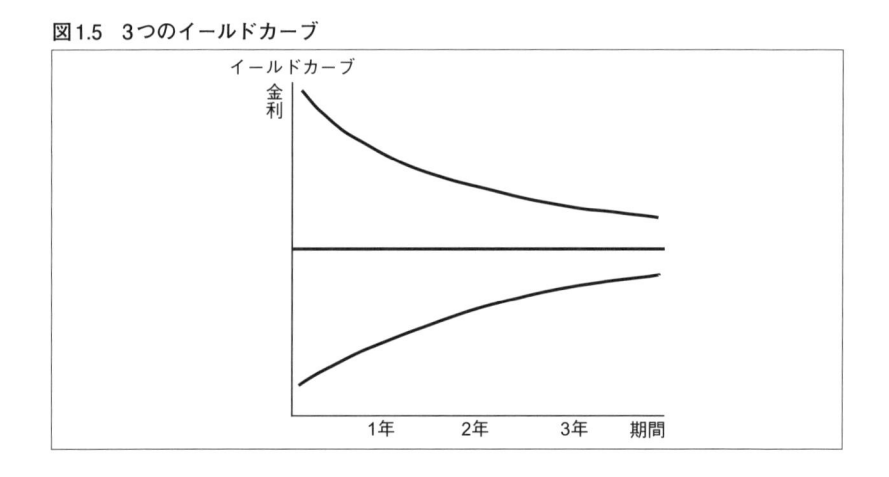

図1.5 3つのイールドカーブ

イールドカーブには3つのパターン（順イールド・逆イールド・フラットイールド）がある。まず，順イールドは短期ゾーンでは金利が低く，期間が長くなるに連れて金利が高くなっていく構造となる。つまり，図で示すと「右肩上がり」のカーブとなり，（図1.5）では一番下の曲線が順イールドを表している。次に，逆イールドは短期ゾーンでは金利が高く，期間が長くなるに連れて金利が低くなっていく構造となる。図で示すと「右肩下がり」のカーブを描き，（図1.5）では一番上の曲線が逆イールドを表している。最後に，フラットイールドは期間に関係なく金利が一定となる構造となる。図に示すとほぼ横軸に平行なカーブとなり，（図1.5）では真ん中の曲線がフラットイールドを表している。本書ではこれ以降，単純な順イールドを想定して話を進めることにする。

金利の期間構造にはいくつかの理論がある。ここでは主要な3つの考え方を簡単に解説する。

●純粋期待仮説

将来の短期金利に対する投資家の期待が金利の期間構造を決定するという理論である。つまり，現在のスポットレートの体系から導かれるフォワードレートの体系が将来の金利体系を表現しているという考え方である。この純粋期待仮説より，将来金利が上昇すると期待されるとき，期間構造は右上がりとなり，逆に将来金利が下降すると期待されるとき，期間構造は右下がりとなることがわかる。また，右上がりの期間構造と右下がりの期間構造は同じ頻度で現れることになる。

●流動性プレミアム仮説

短期債に投資するリスクより，長期債に投資するリスクの方が大きくなる。その流動性を失う対価としてプレミアムが長期金利に付いているという考え方である。その結果，右上がりの期間構造の頻度が高くなる。この流動性プレミアム仮説は，将来のスポットレートよりも

フォワードレートが高い状況を説明しているが，右上がりの期間構造の方が多いという経験的な結果と整合性がある。

●市場分断仮説

残存期間別に市場は分断されており，各期間の資金の需給により金利が決定されるという理論である。

1.5　イールドカーブの変化

イールドカーブの形状変化にはいくつかのパターンが存在する。基本的な3つのパターンを確認しておこう。

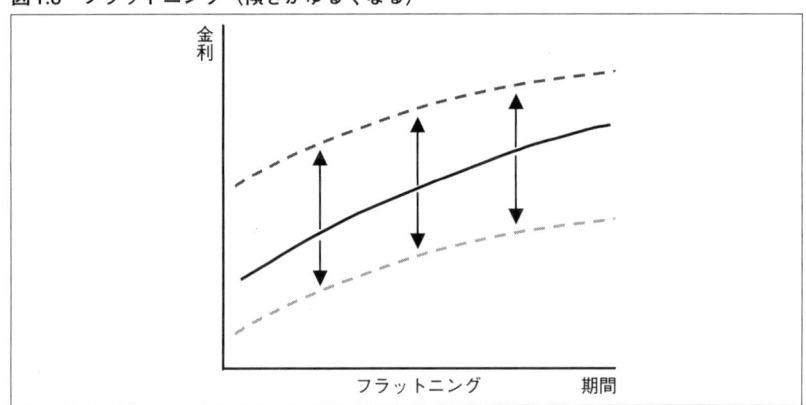

図1.6　フラットニング（傾きがゆるくなる）

フラットニングでは短期金利の変動幅が大きく上昇，長期金利の変動幅が小さく上昇する場合（上の点線）と，短期金利の変動幅が小さく下落，長期金利の変動幅が大きく下落する場合（下の点線）とがある。いずれにしてもイールドカーブの傾きはゆるい状態になることを示している。

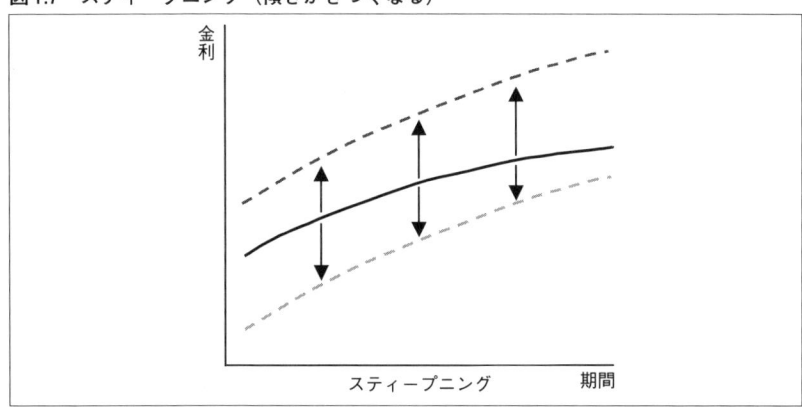

図1.7 スティープニング（傾きがきつくなる）

スティープニングでは短期金利の変動幅が小さく上昇，長期金利の変動幅が大きく上昇する場合（上の点線）と，短期金利の変動幅が大きく下落，長期金利の変動幅が小さく下落する場合（下の点線）とがある。いずれにしてもイールドカーブの傾きはきつい状態になることを示している。

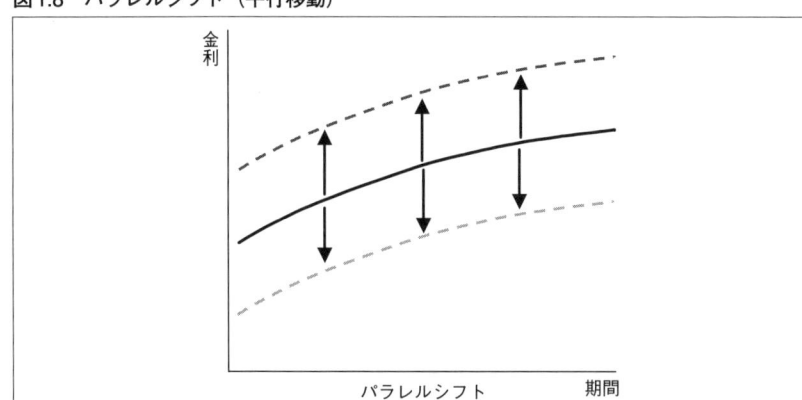

図1.8 パラレルシフト（平行移動）

パラレルシフトでは，それぞれの期間でほぼ同じ程度の金利変動（上昇・下落）が生じる場合を示している。

---

1 『ファイナンス入門』新井啓，慶応義塾大学出版会（2004）
2 貸す側からすると，お金を貸すときの使用料の値段である。借りる側からすると，お金を借りるときの使用料の値段である。
3 金利でも特にこのケースでは，スポットレートというのが正確である。スポットレートとは，期間に対応した正確な収益率となる金利を指し，一般的には割引債の最終利回りと定義される。

第2章　リスク管理概論

2.1　リスク
2.2　リスクマネジメント
2.3　新BIS規制

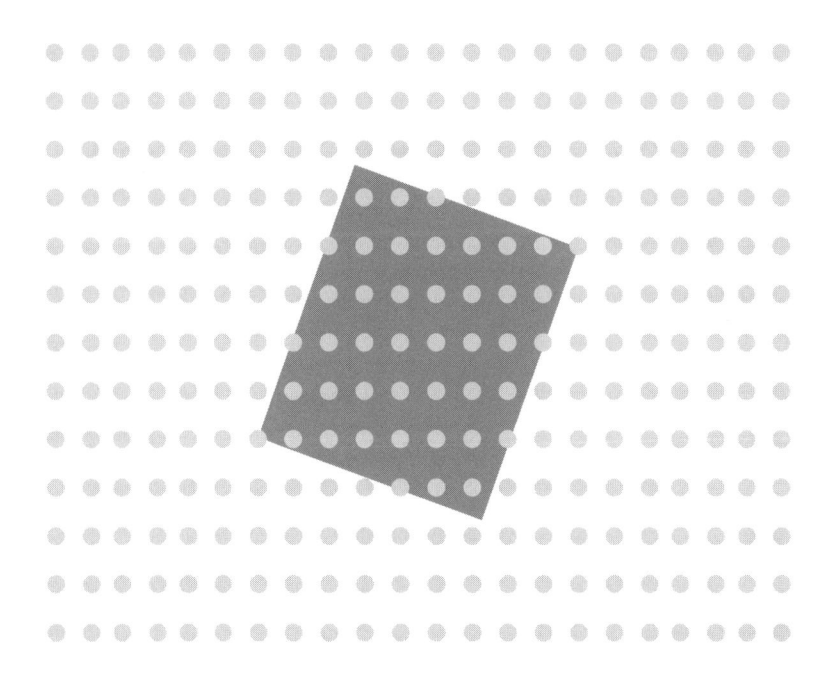

2.1 リスク

まず,リスクの定義を考えていこう。一般論としてのリスクとは,資産や収益を減少させる恐れのあるもの,というのが的確な回答であろう。特徴的なことは,マイナス(損失)だけを考慮している点だ。つまり,一方的に資産や収益の減少部分だけを取り上げているということであり,「損失リスク」と呼んでいる。

これに対し,金融工学におけるリスクとは,予期しない結果をもたらす変動性と定義されている。つまりプラスもマイナスも含めて,変動自体がリスクであるといえる。数学的には,リスクは標準偏差(バラツキ)であるともいわれている。さらに簡単な言葉で表すと,「ブレ」と表現できる。これを「損益のブレのリスク」と呼んでいる。

リスク管理の観点からリスクを定義すると,上で説明した「損失リスク」と「損益のブレのリスク」の両方が含まれることになる。「損失リスク」の代表的なものには,決済リスクやオペレーショナルリスクがある。一方,「損益のブレのリスク」の代表的なものには,金利リスクや信用リスクがある。本書では金利リスクに代表される「損益のブレのリスク」を主に取り上げる。

金融機関におけるリスクの種類は,以下の4つに区分される。

- ●信用リスク……融資先の信用リスク・取引相手の信用リスク[4]
- ●市場関連リスク……価格変動リスク[5]・金利リスク[6]・流動性リスク[7]・為替リスク
- ●オペレーショナルリスク……事務リスク・システムリスク[8]・コンプライアンスリスク[9]・法務リスク[10]
- ●その他のリスク……レピュテーショナルリスク[11]・戦略リスク

分類のしかたは各金融機関によってまちまちであり,これと決った分類方

法[12]はないかもしれない。

　例えば，債券の金利リスクで考えれば，「金利の変動」がリスクそのものということになる。特に金利の上昇時に金利リスクが資産価値に対するマイナスの影響として顕在化する。つまり，金利上昇時には資産の価値が低下していくことになる。これについては第3章基礎概念Ⅰ（債券）のところでもう少し詳しく述べることにする。

　預貸金の金利リスクについては，特に地域金融機関では預貸率が低レベルであり，預金残高の割に融資残高が少ないことがリスク増大に大きく影響を及ぼしている。また，貸出金のうちの固定・変動の割合も金利上昇時での影響度が大きいと考えられる。固定割合が高いと金利が上昇しても，固定部分の金利は変動することなく低利のまま存続してしまう。片や，変動割合の高い預金の支払い利息負担はどんどん増加していくことになり，期間損益の観点からは収益の圧迫要因となる。

　固定金利貸出金の影響をみる指標として，後段で取り上げているデュレーション[13]がひとつの目安となる。デュレーションは単位を年数と考えれば，資産の平均回収期間と捉えることができる。これが長い（大きい）と単純にリスクは大きいと判断できる。貸出金の固定・変動の割合を変更するには，「金利スワップ[14]」というコントロールが有効である。金利スワップについては第9章スワップの効果で詳しく述べることにする。

　さらに，金利変動に対する追従性の違い[15]による影響もあるだろう。預金金利は市場金利の上昇に対して早く追従していくだろう。ところが貸出金金利については，変動部分についてもタイムラグはあるし，ましてや固定部分は満期（金利更改期）まで低利が続く。特に住宅ローンを見ると低利の固定金利（固定金利特約を含む）住宅ローンは残高も多くなっており，その影響は大きい。また，満期到来の書替に関しても個別交渉となり，銀行の都合通りになるとは限らない。つまり，理論上の金利変動と実際の金利変動のギャップについては，常に念頭に置き，理論上の金利変動の方を見直す必要

がある。将来の予測には見直しした金利変動を基準にすべきである。

2.2 リスクマネジメント
2.2.1 言葉の定義

　リスクマネジメントに関する言葉の定義について解説していく。リスクマネジメントに似た言葉として危機管理（クライシスマネジメント）がある。危機管理は本来，リスクマネジメントの一部を成してきたことは間違いない。ただ，明らかにリスクマネジメントと危機管理は別物であるという観点から，徐々に区分されたというのが実情だと考えている。

　危機管理は「事後処理のマネジメント」という意味合いが強くなる。これに対してリスクマネジメントは「事前予防のマネジメント」という括りで，ひとつのマネジメントとして進歩してきているように捉えられる。また，危機管理の最終責任者はあくまでもCEO[16]であり，この観点から判断して危機管理を担当する部署はリスクマネジメント部署とは区分されるべきである。ちなみにリスクマネジメントの最終責任者は，CEOを牽制できる立場にある別の取締役が適任となろう。

　もうひとつ似た言葉として，総合リスク管理と統合リスク管理という言葉がある。総合リスク管理は「概念」であり，すべてのリスクを対象としている。一方，統合リスク管理は総合リスク管理を実行するための「手段」であり，計測可能なリスクだけを対象としている。しかし，この2つの言葉を明確に区別しているケースは少なく，ほとんど混同して使用されている。現在は統合リスク管理の方が主流であり，新BIS規制でもこの考え方により，信用リスク・市場リスク・オペレーショナルリスクという分類でリスクを管理することが要求されている。

　さらに「リスク管理からリスクマネジメントへ」，という動きも出てきているように思われる。カタカナ表記だけの違いだけでなく，マネジメントには「戦略的」という意味合いが強く内包されている。リスク管理は言葉のと

おり，単にリスク計量化さえしていればいいと思われがちであるが，下手をすると形骸化したリスク管理システムだけが残骸として残る可能性もある。リスク管理から戦略的リスクマネジメントへの飛躍が，地域金融機関にも必要となってきているということを示唆しているのではないだろうか。

　最後にリスクマネジメントの目的を述べておく。リスクマネジメントの目的は，リスクをコントロールすることである。よく言われるリスク管理の原則である3つのM[17]のうち，最後のMである"Manage"が目的である。計量化は目的ではなく手段である。計量化さえすればリスク管理は終わりという時代はすでに過ぎ去っている。リスクをコントロールする，あるいはコントロールできる状態にしておくことが強く求められているのである。リスクを『戦略的』にコントロールすることが喫緊の重要課題なのである。

2.2.2　リスク管理組織

　リスク管理はさまざまなリスクに対応することにより，ますます高度化している。これにつれて，リスク管理が金融機関のごく一部の専門部署の仕事になりつつある。しかし，リスク管理は各担当部署が基本であり，経営陣から新入社員まで，その組織に関わる個人すべての問題なのである。これはコンプライアンスも同じような位置付けであり，リスク管理とコンプライアンスは一体として考えられるべきものである。リスク管理部署の役割は，金融機関全体としてリスク管理を取り纏めることにあり，リスク管理の第一義的な責任は各担当部署にあることを忘れないでほしい。

　リスク管理組織の基本は，「職責分離」である。職責分離のポイントは，利益が相反する業務を同一人物が行わないようにすることである。つまり，業務の執行と執行の監視は職責分離しなければならない。具体的には，フロントオフィスとバックオフィスを分離し，また，ミドルオフィスを設置することが必要になる。さらに組織全体の総合的なリスク管理部署を設置することが望ましい。

図2.1　リスク管理組織

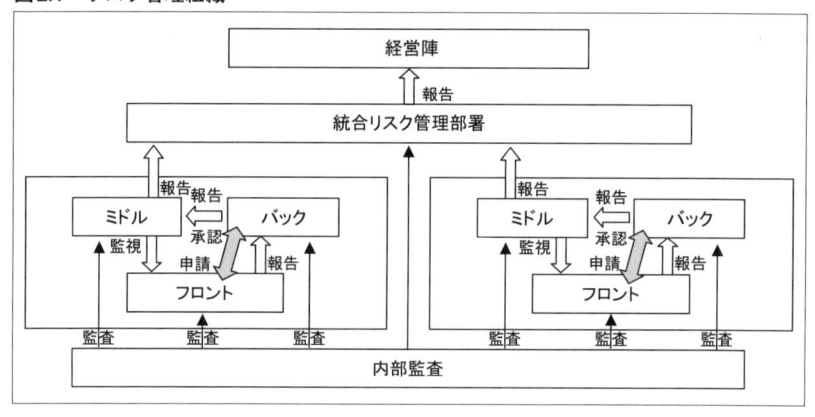

```
                          経営陣
                           ↑ 報告
                    統合リスク管理部署
         ↑報告報告↑                    ↑報告報告↑
    ┌─────────────────┐          ┌─────────────────┐
    │ ミドル ← 承認 バック │          │ ミドル ← 承認 バック │
    │  ↑監視  ↑申請 ↑報告│          │  ↑監視  ↑申請 ↑報告│
    │      フロント        │          │      フロント        │
    └─────────────────┘          └─────────────────┘
       ↑監査  ↑監査  ↑監査             ↑監査  ↑監査  ↑監査
                         内部監査
```

- ●経営陣
  リスク管理の最終的な責任を負う。リスク管理のフレームワークを決定し，常に監視する義務がある。
- ●フロントオフィス（取引執行）
  実際に外部との取引を実行する部門である。
- ●バックオフィス（後方事務）
  取引を実際に執行するため外部と手続きを取るとともに，内部的には取引を記録し，適切に処理する部門である。
- ●ミドルオフィス（監視）
  リスク管理態勢をモニタリングする部門である。
- ●統合リスク管理部署（統合リスク管理）
  各担当部門から独立して，銀行組織全体のリスク管理を総合的に行う部門である。

2.3　新BIS規制

　前段でも少し触れたが，新BIS規制の話をしておこう。新BIS規制は，日本では2006年度末，2007年3月期から適用される。概観を述べると，信用リスク計測については精緻化が図られ，かつ新たにオペレーショナルリスクが追加される。市場リスク計測に変更はない。

1988年に導入されたBIS規制では分母のリスクアセットは信用リスクだけが対象になっている。しかも，信用リスクの計測方法も，額面金額に一定の掛け目（リスクウエイト）をかけて算出している。リスクウエイトは事業法人・個人については100％，住宅ローンは50％，OECD所在の銀行向けは20％，OECD政府向けは0％である。後に市場リスクが追加された。
　新BIS規制では，

①現行の方法を一部修正した標準的手法。
②銀行がデフォルト確率（PD）を推計して，それを計算に使用する内部格付手法の基礎的アプローチ。
③銀行がデフォルト確率とデフォルト時損失率（LCD）を推計して，それを計算に使用する内部格付手法の先進的アプローチ。

という3つの選択肢が示されており，各銀行がそれぞれのリスク管理のレベルに応じていずれかを選択することとなっている。

第1の柱（最低所要自己資本比率）

$$\frac{自己資本}{信用リスク＋市場リスク} \geq 8\% \Rightarrow \frac{自己資本（現行のまま）}{信用リスク＋市場リスク＋オペレーショナルリスク} \geq 8\%$$

※上記算式は，国際統一基準行の場合の算式である。

　また，今回の見直しには柱が3つある。第1の柱（最低所要自己資本比率）では，上述のとおり計測の精緻化が図られる。第2の柱（金融機関の自己管理と監督上の検証）では，金融機関自らによる自己資本の維持のための戦略策定と監督当局によるレビューが求められる。第3の柱（市場規律）では，開示の充実による市場規律の活性化を図らなければならない。
　どうしても第1の柱に注目が浴びせられているようであるが，地域金融機関にとって主眼となるのは第2の柱ではないかと考えている。この第2の柱

の中で一番大きな問題として取り上げられているのが,「銀行勘定の金利リスク」である。上下200ベーシス・ポイントの平行移動による金利ショック又は金利変動の1パーセンタイル値と99パーセンタイル値による金利ショック下でのリスク量が過大な金融機関は,アウトライヤー(outlier)と認定されペナルティが課せられる。片や,金融行政の目標は,金融機関が自発的にリスク管理の高度化を図ることにより,健全性を維持・向上することとなっており,金融行政当局は金融機関の独自性の発揮に大いに期待している。

　傾向としては,メガバンク(主要行等)と中小・地域金融機関とを明確に区分して,それぞれに適応した規制となっていく方向にあることに違いない。ある程度は問題点が解消される方向に進んでいるようである。しかし,いまだ中心はメガバンクであり,中小・地域金融機関にとってはまだまだ厳しいものと言わざるをえない。高度なリスク管理ができる金融機関しか生き残れないということを肝に銘じておく必要があるのではないだろうか。

4 所有している債券の発行先の信用リスク。
5 株式・投資信託の価格変動リスク。
6 預貸金の金利リスクと債券の金利リスク。
7 決済リスクを含む。
8 最近ではITリスクとも呼ばれている。
9 法令違反に代表される人的リスク。
10 リーガルリスクとも呼ばれている。
11 評判リスクとも呼ばれている。
12 「金融検査マニュアル」では，①信用リスク，②市場関連リスク，③流動性リスク，④事務リスク，⑤システムリスク，という基本となる5つのリスクに分類している。
13 第10章で詳しく説明しているので参照されたい。
14 スワップ取引とは，将来のキャッシュフローを交換する取引である。このケースでは金利スワップであり，固定金利の支払と変動金利の受取の交換を指している。
15 市場金利変動による理論上の金利変動に対して，市場金利変動による実際の金利変動が存在する。その割合を追従性と呼んでいる。特に貸出金については，市場金利に連動するものもあるが，個別に交渉により金利を決定するケースがあり，実際の金利変動は理論通りにはいかないことに注意を要し，その差を捉えておく必要がある。
16 CEO（chief executive officer）…最高経営責任者
17 リスク管理の3原則：Measure（計測），Monitor（観測），Manage（管理）

第3章　基礎概念 I（債券）

3.1　債券の価格と利回り
3.2　トレードオフ
3.3　キャッシュフロー

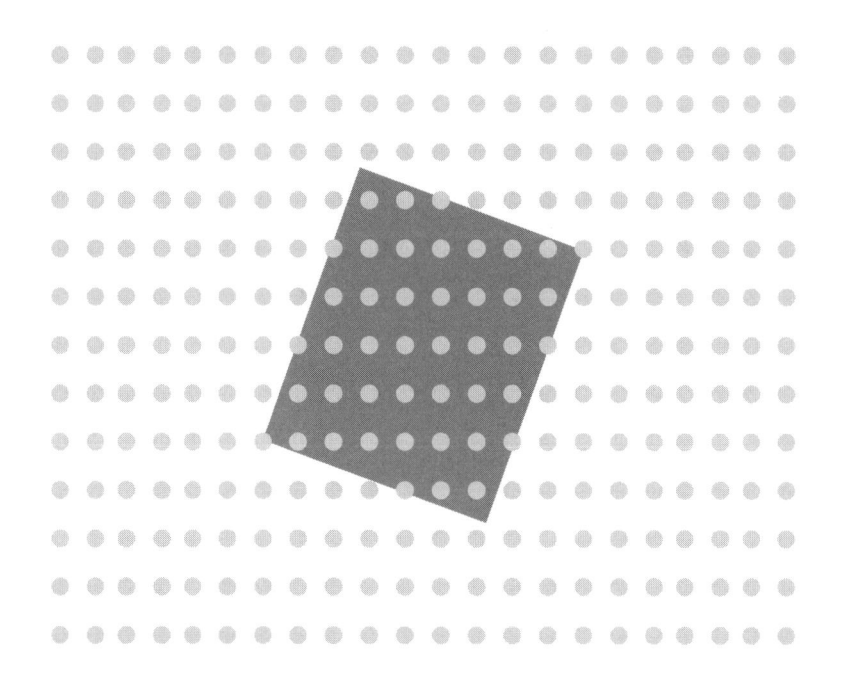

ここではまず,債券の基礎知識を説明していこう。なぜ債券について知るべきかというと,リスク計量化が債券から始まっており[18],価格と金利(利回り)[19]の関係が債券ではとてもわかりやすいからである。しかも金融機関では資金運用の多くを債券に依存しており,本業である融資の次に多いのは紛れもない事実であり,リスク管理を学ぶうえでは債券の基礎知識は必須項目となる。

3.1 債券の価格と利回り

債券とは,国,地方公共団体,政府関係機関,特殊金融機関,事業会社などの発行体が資金を調達する際に,債権・債務の内容を券面上に実体化させて発行する有価証券のことをいう。定期的に一定の利子(クーポン)が支払われ,満期にはあらかじめ定められた額面が償還される利付債と,満期まで利子が支払われない割引債がある。発行体別の分類では,国債・地方債・政府保証債・事業債・金融債等に分類される。期間別分類では,短期債(1年未満)・中期債(1〜5年)・長期債(5〜15年)・超長期債(15年超)に分類される。

定期的に支払われる金利の利率はクーポンレートと呼ばれ,額面金額に対する百分率(%)で表示される。利付債では定期的に利子が支払われ,満期には額面金額が償還される。割引債は額面より低い金額で購入し,途中で利子は支払われないが,満期には額面金額が償還されるので,その差額が実質的な利子に相当する。債券は割引発行も認められており,実際でもそのケースが多い。発行価格が額面金額と等しい場合(額面発行)もあるが,割増発行は極めて稀である。

次に債券の流通について述べておこう。債券は株式同様,譲渡が可能であり売買取引が行われている。しかし,債券は株式と違って取引所取引よりも「相対取引」による売買取引が行われる。これは取引の当事者が金融機関であることによるものである。

このように債券は株式と比較されて説明されることが多い。有価証券に一括りにされることもあるが，債券と株式では性質が全く異なることを認識してほしい。本書では，株式は金利に感応する資産ではないので，ほとんど取り上げていない。つまり，株式は金利変動に直接的には影響されることなく，別の要因で価格が変動するものと捉えている。つまり，ポートフォリオの観点からすると，分散投資の項目として債券と株式に振り分けることはとても有益であることがわかる。

3.1.1 債券の価格

債券の価格といっても，額面・簿価・時価といくつか考えられる。額面は文字通り債券の券面に記載されている金額であり，当初より決っており変動することはない。簿価はその債券を購入した時の金額であり，時には変動することもある。時価はその時々の価格であり，常に変動すると解釈していいだろう。ここでいう債券の価格とは，時価の概念に含まれる，理論価格あるいは評価価格という概念になる。

まず，割引債の価格を考えてみよう。額面価額をF円，満期をn年，市場金利をrとすれば，債券価格Pは次式で求められる。

【3.1】債券の価格（割引債）

$$P = \frac{F}{(1+r)^n}$$

この式は，現在価値の【1.3】式に当てはめたものである。

次に利付債の価格を考えよう。額面価額をF円，満期をn年，クーポンレートをc，市場金利をrとすれば，債券価格Pは次式で表される。

【3.2】債券の価格（利付債）

$$P = \frac{cF}{1+r} + \frac{cF}{(1+r)^2} + \cdots + \frac{cF}{(1+r)^{n-1}} + \frac{cF+F}{(1+r)^n}$$

$$P = \sum_{t=1}^{n-1} \frac{cF}{(1+r)^t} + \frac{F(c+1)}{(1+r)^n} \qquad \cdots\cdots cF : クーポン$$

利付債の価格については，利付債の1つ1つのクーポンをそれぞれ1つの割引債であると考えると理解しやすい。ただし，満期ではクーポンの他に額面金額が償還されるので，額面価額Fが足してあるということになる。つまり，利付債は割引債の集合体であると考えることで価格計算の理解を助けてくれる。

さらに，クーポンの支払回数によって計算のしかたが違ってくる。一般的な年2回利払いのケースを簡単に表記する。分母の$(1+r)^t$が，$(1+r/2)^{2t}$となり，事前に年2回複利から年複利へ変換しておく方法が取られている。

【3.3】複利の変換（年2回複利から年複利への変換）

$$r_1 = (1+r_2/2)^2 - 1 \qquad \cdots\cdots r_1 : 年複利 \quad r_2 : 年2回複利$$

3.1.2 債券の利回り

次は債券の利回りの話をしておく。第1章でも金利を中心に価値（評価）の概念を解説したが，ここでは債券における利回りの考え方を解説しておこう。利回りには，例えば，直接利回り，最終利回り，実効利回り等がある。

【3.4】直接利回り

$$直接利回り（\%） = \frac{C}{P} \times 100 \qquad \cdots\cdots C : クーポン \quad P : 債券価格$$

利付債において，償還差益を無視して求めた利回りを指している。割引債の

直接利回りはゼロである。直接利回りは本来の投資収益率を表していないが，わが国では重要な指標となっており，直利とも呼ばれている。

【3.5】最終利回り（単利）

$$最終利回り（単利（\%））= \frac{C+(100-P)/T}{P} \times 100$$

……… C：クーポン　　P：買付価格　　T：残存期間(年)

わが国の実務ではこの単利利回りの式によっている。しかし，極めて粗雑な近似値であり，本来の投資収益率を表していない。

【3.6】最終利回り（複利）

$$最終利回り（複利（\%））: P = \sum_{t=1}^{T} \frac{C}{\left(1+r/100\right)^t} + \frac{100}{\left(1+r/100\right)^T} \quad を満たすr$$

……… C：クーポン　　P：買付価格　　t：評価期間(年)　　T：残存期間(年)

この式では再投資レートがr（最終利回り）に一致すると仮定している。また，年2回利払いの時の最終利回り（複利）は次式で算出できる。

【3.7】最終利回り（複利：年2回利払い）

$$最終利回り（複利（\%））: P = \sum_{t=1}^{T} \frac{C}{\left(1+r/200\right)^{2t}} + \frac{100}{\left(1+r/200\right)^{2T}} \quad を満たすr$$

……… C：クーポン　　P：買付価格　　t：評価期間(年)　　T：残存期間(年)

【3.8】実効利回り

$$\text{実効利回り}(\%) = \left[\sqrt[T]{\frac{\sum_{t=1}^{T} C\left(1 + R/100\right)^{T-1} + 100}{P}} - 1 \right] \times 100$$

.... C：クーポン　　P：買付価格　　T：残存期間(年)　　R：再投資レート

この式では再投資レートRを予測している。最終利回りでは再投資レートがr（最終利回り）に一致すると仮定しているという問題点をクリアしている。

3.1.3　スポットレートとフォワードレート

最終利回りの概念では，以下の問題点がある。

①割引率が債券ごとに異なる。
②フラットな金利の期間構造を前提としている。

これらの問題点を克服するため，スポットレートの概念を使うことで期間と金利の関係を合理的にとらえることが可能となる。スポットレートとは，期間に対応した正確な収益率を指し，一般的には割引債の最終利回りと定義される。しかし，実際にはわが国では長期の割引債が発行されることはなく，やむなく利付債から推計する方法が取られている。

また，スポットレートに対してフォワードレートという概念がある。文字通り将来の期間に関する金利のことである。（図3.1）では期間の単位を年として，スポットレートである1年の金利をr_1，2年の金利をr_2，3年の金利をr_3とすると，$f_{1,2}$，$f_{2,3}$がフォワードレートとなる。

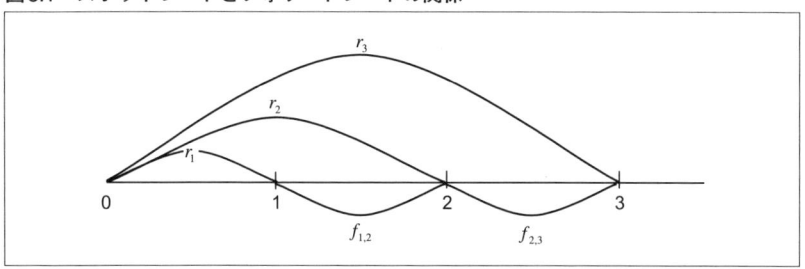

図3.1 スポットレートとフォワードレートの関係

一般的にスポットレートから各フォワードレートを求めることができる。スポットレートとフォワードレートの関係は次式のようになる。

【3.9】スポットレート1とフォワードレートの関係

$$1 + f_{1,2} = \frac{(1+r_2)^2}{1+r_1}$$

【3.10】スポットレートとフォワードレートの関係（一般式）

$$1 + f_{t-1,t} = \frac{(1+r_t)^t}{1+r_{t-1}}$$

3.2 トレードオフ

債券の価格と利回りの関係を考えてみる。通常であれば価格を中心に考えるのだが，本書では利回り（金利）を中心に考えていく。利回りが上昇すると，債券価格はどうなるだろうか。現在価値算出の式に当てはめれば，利回りが上昇すると，債券価格は低下する。利回りの上昇とは分母の割引率が大きくなることであり，大きくなった割引率で現在価値を算出すれば価格は小さくなる。逆に，利回りが下落すると，債券価格はどうなるか。もちろん先ほどとは逆となり，債券価格は上昇する。このように一方が大きくなると，もう一方が小さくなる。逆に，一方が小さくなればもう一方が大きくなる。

このような関係を「トレードオフ」と呼んでいる。

【3.11】トレードオフの関係式

　　価格(P)×利回り(1+r)＝額面価値

　上の式で，右辺（額面価値）は一定なので，左辺の価格（P）と1+r（利回り）の関係は，トレードオフの関係と呼ぶことができる。右辺が一定のとき，左辺の両方の項目が同時に大きくなることはない。一方が大きくなれば，必ずもう一方は小さくなる。

3.3　キャッシュフロー

　キャッシュフローとは，文字通り現金の流れのことであり，流出と流入の2つの方向がある。例えば債券で考えれば，まず債券を購入したらそれに見合う購入金額を購入相手に支払わなければならない（流出の方向）。次に1年後に配当金をもらう（流入の方向）。さらに2年後，配当金と償還金をもらう（流入の方向）。2年ものの債券ではこのような現金の流れが考えられる。つまり，キャッシュフローには金額と時点と方向の3つの概念が含まれている。流出の方向をキャッシュアウトフロー，流入の方向をキャッシュインフローと呼んでいる。

　資産の価値とは，資産が将来生み出すキャッシュフローの現在価値の合計を指している。（図3.2）を見てほしい。左図はキャッシュフローを将来価値で表示している。それぞれのキャッシュフローの時点が異なるので，単純に合計することはできない。右図ではキャッシュフローを現在価値で表示している。現在価値に割り引くと，それぞれの時点は現在で一致しているので，単純に加算することが可能となる。例えば，上段の図では1年後のキャッシュフロー0.99と2年後の0.98と3年後の98.03を合計すると100となり，現在の価格100に一致する。同様にして，中段の図では1年後のキャッシュ

フロー1.96と2年後の1.92と3年後の1.88と4年後の1.85と5年後の92.38を合計すると100となり，現在の価格100に一致する。現在価値に割り引いたキャッシュフローは，時点が現在に統一されるので，足したり（合計）引いたり（差引）することが可能となる。

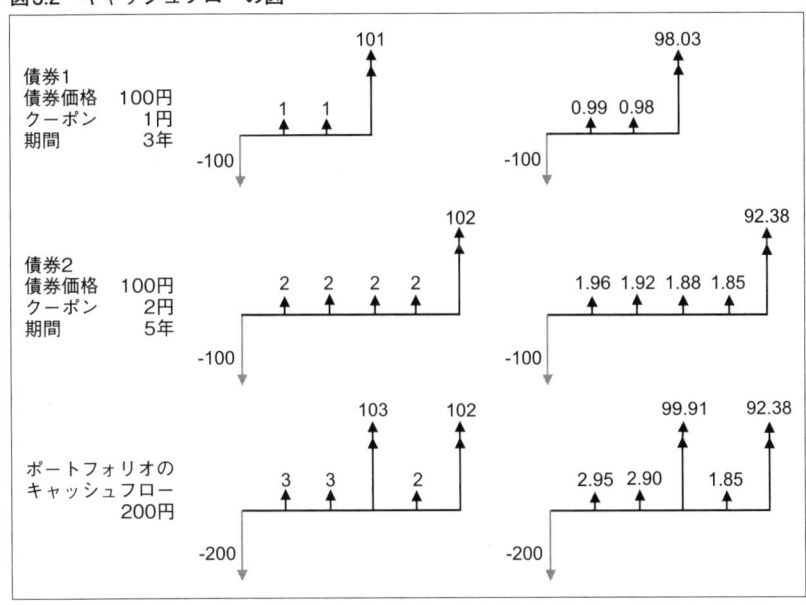

図3.2　キャッシュフローの図

債券1
債券価格　100円
クーポン　　1円
期間　　　　3年

1年後1、2年後1、3年後101 ／ 現在価値0.99、0.98、98.03 ／ -100

債券2
債券価格　100円
クーポン　　2円
期間　　　　5年

1年後2、2年後2、3年後2、4年後2、5年後102 ／ 現在価値1.96、1.92、1.88、1.85、92.38 ／ -100

ポートフォリオの
キャッシュフロー
　　　　　　200円

1年後3、2年後3、3年後103、4年後2、5年後102 ／ 現在価値2.95、2.90、99.91、1.85、92.38 ／ -200

ここまでは個々の債券について説明してきた。ここからは債券1と債券2からなるポートフォリオのキャッシュフローについて解説する。といっても考え方は個々のキャッシュフローと全く同じであり，上の図では，個々のキャッシュフローを横に足してきた（期間ごとのキャッシュフローを足していく）が，ポートフォリオのキャッシュフローでは，期間ごとに縦に足してさらに横に合計を出すということになる。具体的には下の図で，1年後のキャッシュフロー2.95，2年後の2.90，3年後の99.91，4年後の1.85，5年後の92.38を合計すると200となり，ポートフォリオの現在価値200に一致

する。キャッシュフローは,（図3.2）で示しているように矢印を使用して表現することでとても理解しやすくなることがわかる。

---

18 厳密に言えば,トレーディング勘定の金利リスクの計量化を指している。
19 債券では,金利のことを「利回り」と呼んでいる。

第4章　基礎概念Ⅱ（数学）

4.1　ベクトル・行列
4.2　確率・統計・確率過程

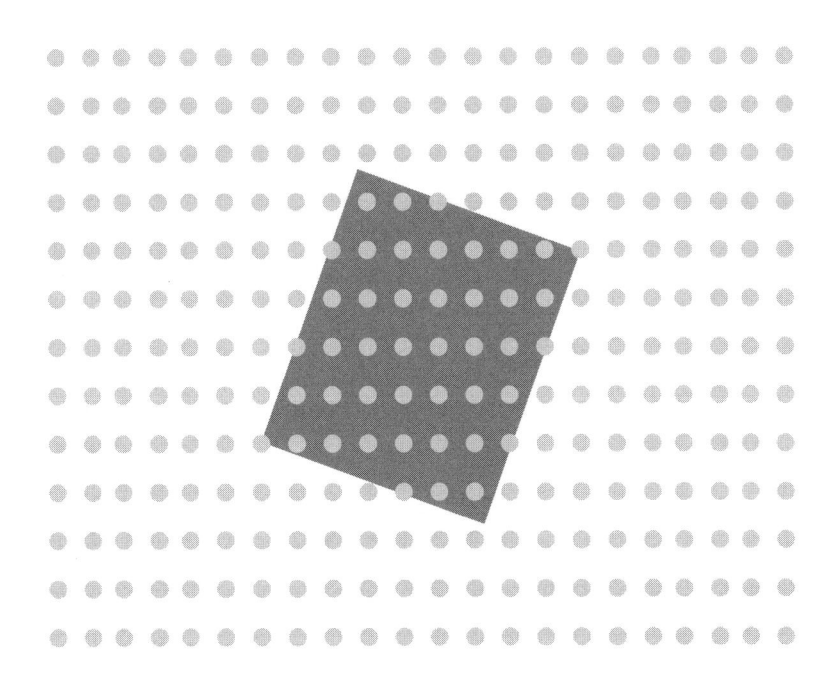

第4章ではベクトル・行列と確率・統計・確率過程を扱う。数学のテキストのような内容なので，必ずしも完全に理解できなくとも，とりあえず先に進んでもらってもかまわない。しかし，VARでは正規分布を仮定して収益率を予測し，さらに計算は行列式で計測することになるので，最終的にはこの程度の基礎数学は理解しておいた方がいいに越したことはないということを忘れずにいてほしい。

4.1 ベクトル・行列
4.1.1 ベクトル・行列の定義

ベクトルとは数字や文字を縦あるいは横に並べたものである。また，行列とは数字や文字を長方形に並べたものである。その数字や文字をベクトルや行列の成分あるいは要素という。ベクトルには縦ベクトル（列ベクトル）と横ベクトル（行ベクトル）があり，位置という属性を持っている。行列ではその行の数・列の数によって，m行n列の行列($m \times n$行列)という。特に，1行n列の行列をn次元行ベクトル，m行1列の行列をm次元列ベクトルといい，ベクトルは特殊な行列のひとつである。また，$m \times m$行列をm次の正方行列と呼ぶ。

【4.1】 ベクトルの定義

$$\mathbf{x} = \begin{pmatrix} x_1 \\ x_2 \\ \vdots \\ x_m \end{pmatrix} \qquad （行ベクトルは \mathbf{x}^T と表記する）$$

縦ベクトルを横ベクトルに変換すること，あるいは横ベクトルを縦ベクトルに変換することを転置（transpose）と呼び，ベクトルの記号に上付きでTを付けて表記する。

【4.2】行列の定義

$$\mathbf{A} = \begin{pmatrix} a_{11} & a_{12} & \cdots & a_{1n} \\ a_{21} & a_{22} & \cdots & a_{2n} \\ \vdots & \vdots & \ddots & \vdots \\ a_{m1} & a_{m2} & \cdots & a_{mn} \end{pmatrix}$$

$m \times n$ 行列は，$m \times 1$ 行列を横にn本並べたもの，または，$1 \times n$ ベクトルを縦にm本並べたものと考えることができる。

【4.3】

$$\mathbf{A} = \begin{pmatrix} \begin{pmatrix} a_{11} \\ a_{21} \\ \vdots \\ a_{m1} \end{pmatrix}, \begin{pmatrix} a_{12} \\ a_{22} \\ \vdots \\ a_{m2} \end{pmatrix}, \cdots \begin{pmatrix} a_{1n} \\ a_{2n} \\ \vdots \\ a_{mn} \end{pmatrix} \end{pmatrix} = \begin{pmatrix} \mathbf{x}_1 & \mathbf{x}_2 & \cdots & \mathbf{x}_n \end{pmatrix}$$

【4.4】

$$\mathbf{A} = \begin{pmatrix} (a_{11} & a_{12} & \cdots & a_{1n}) \\ (a_{21} & a_{22} & \cdots & a_{2n}) \\ & & \vdots & \\ (a_{m1} & a_{m2} & \cdots & a_{mn}) \end{pmatrix} = \begin{pmatrix} \mathbf{y}_1^T \\ \mathbf{y}_2^T \\ \vdots \\ \mathbf{y}_m^T \end{pmatrix}$$

ここで【4.2】式の転置行列を表記する。

【4.5】転置行列

$$\mathbf{A}^T = \begin{pmatrix} a_{11} & a_{21} & \cdots & a_{m1} \\ a_{12} & a_{22} & \cdots & a_{m2} \\ \vdots & \vdots & \ddots & \vdots \\ a_{1n} & a_{2n} & \cdots & a_{mn} \end{pmatrix} = \begin{pmatrix} \mathbf{x}_1^T \\ \mathbf{x}_2^T \\ \vdots \\ \mathbf{x}_n^T \end{pmatrix} = \begin{pmatrix} \mathbf{y}_1 & \mathbf{y}_2 & \cdots & \mathbf{y}_m \end{pmatrix}$$

1次元の数をスカラーと呼び，$m \times 1$，$1 \times m$，$m \times n$，$n \times m$ をベクトル・行列の型と呼ぶ。2つの行列 $\mathbf{A} \cdot \mathbf{B}$ に関して，型が同じでかつすべての成分が等し

いとき，行列 $\mathbf{A} \cdot \mathbf{B}$ は等しい $\mathbf{A} = \mathbf{B}$ という。

4.1.2　ベクトル・行列の加減とスカラー倍

$$\mathbf{x} = \begin{pmatrix} x_1 \\ x_2 \\ \vdots \\ x_m \end{pmatrix} \qquad \mathbf{y} = \begin{pmatrix} y_1 \\ y_2 \\ \vdots \\ y_m \end{pmatrix} \quad \text{とすると,}$$

【4.6】ベクトルの加減

$$\mathbf{x} + \mathbf{y} = \begin{pmatrix} x_1 + y_1 \\ x_2 + y_2 \\ \vdots \\ x_m + y_m \end{pmatrix} \qquad \mathbf{x} - \mathbf{y} = \begin{pmatrix} x_1 - y_1 \\ x_2 - y_2 \\ \vdots \\ x_m - y_m \end{pmatrix}$$

【4.7】ベクトルのスカラー倍

$$c\mathbf{x} = \begin{pmatrix} cx_1 \\ cx_2 \\ \vdots \\ cx_m \end{pmatrix}$$

$$\mathbf{A} = \begin{pmatrix} a_{11} & a_{12} & \cdots & a_{1n} \\ a_{21} & a_{22} & \cdots & a_{2n} \\ \vdots & \vdots & \ddots & \vdots \\ a_{m1} & a_{m2} & \cdots & a_{mn} \end{pmatrix} \qquad \mathbf{B} = \begin{pmatrix} b_{11} & b_{12} & \cdots & b_{1n} \\ b_{21} & b_{22} & \cdots & b_{2n} \\ \vdots & \vdots & \ddots & \vdots \\ b_{m1} & b_{m2} & \cdots & b_{mn} \end{pmatrix} \quad \text{とすると,}$$

【4.8】行列の加減

$$\mathbf{A} + \mathbf{B} = \begin{pmatrix} a_{11} + b_{11} & a_{12} + b_{12} & \cdots & a_{1n} + b_{1n} \\ a_{21} + b_{21} & a_{22} + b_{22} & \cdots & a_{2n} + b_{2n} \\ \vdots & \vdots & \ddots & \vdots \\ a_{m1} + b_{m1} & a_{m2} + b_{m2} & \cdots & a_{mn} + b_{mn} \end{pmatrix}$$

$$\mathbf{A} - \mathbf{B} = \begin{pmatrix} a_{11} - b_{11} & a_{12} - b_{12} & \cdots & a_{1n} - b_{1n} \\ a_{21} - b_{21} & a_{22} - b_{22} & \cdots & a_{2n} - b_{2n} \\ \vdots & \vdots & \ddots & \vdots \\ a_{m1} - b_{m1} & a_{m2} - b_{m2} & \cdots & a_{mn} - b_{mn} \end{pmatrix}$$

【4.9】行列のスカラー倍

$$c\mathbf{A} = \begin{pmatrix} ca_{11} & ca_{12} & \cdots & ca_{1n} \\ ca_{21} & ca_{22} & \cdots & ca_{2n} \\ \vdots & \vdots & \ddots & \vdots \\ ca_{m1} & ca_{m2} & \cdots & ca_{mn} \end{pmatrix}$$

行列 **A**, **B**, **C** が同じ型の行列であり, c, d がスカラーのとき, 次式が成り立つ。

【4.10】行列の加減の法則

① $(\mathbf{A} + \mathbf{B}) + \mathbf{C} = \mathbf{A} + (\mathbf{B} + \mathbf{C})$　（結合法則）

② $\mathbf{A} + \mathbf{B} = \mathbf{B} + \mathbf{A}$　（交換法則）

③ $c(\mathbf{A} + \mathbf{B}) = c\mathbf{A} + c\mathbf{B}$, $(c + d)\mathbf{A} = c\mathbf{A} + d\mathbf{A}$

④ $(cd)\mathbf{A} = c(d\mathbf{A})$

4.1.3　ベクトル・行列の積

【4.11】行ベクトルと列ベクトルの積[20]

$$\begin{pmatrix} a_1 & a_2 \end{pmatrix} \begin{pmatrix} p_1 \\ p_2 \end{pmatrix} = a_1 p_1 + a_2 p_2$$

$$\begin{pmatrix} a_1 & a_2 & a_3 \end{pmatrix} \begin{pmatrix} p_1 \\ p_2 \\ p_3 \end{pmatrix} = a_1 p_1 + a_2 p_2 + a_3 p_3$$

【4.12】行列と列ベクトルの積[21]

$$\begin{pmatrix} a_1 & a_2 \\ b_1 & b_2 \end{pmatrix} \begin{pmatrix} p_1 \\ p_2 \end{pmatrix} = \begin{pmatrix} a_1 p_1 + a_2 p_2 \\ b_1 p_1 + b_2 p_2 \end{pmatrix}$$

$$\begin{pmatrix} a_1 & a_2 & a_3 \\ b_1 & b_2 & b_3 \end{pmatrix} \begin{pmatrix} p_1 \\ p_2 \\ p_3 \end{pmatrix} = \begin{pmatrix} a_1 p_1 + a_2 p_2 + a_3 p_3 \\ b_1 p_1 + b_2 p_2 + b_3 p_3 \end{pmatrix}$$

【4.13】行列と行列の積[22]

$$\begin{pmatrix} a_1 & a_2 \\ b_1 & b_2 \end{pmatrix} \begin{pmatrix} p_1 & q_1 \\ p_2 & q_2 \end{pmatrix} = \begin{pmatrix} a_1 p_1 + a_2 p_2 & a_1 q_1 + a_2 q_2 \\ b_1 p_1 + b_2 p_2 & b_1 q_1 + b_2 q_2 \end{pmatrix}$$

$$\begin{pmatrix} a_1 & a_2 \\ b_1 & b_2 \\ c_1 & c_2 \end{pmatrix} \begin{pmatrix} p_1 & q_1 & r_1 \\ p_2 & q_2 & r_2 \end{pmatrix} = \begin{pmatrix} a_1 p_1 + a_2 p_2 & a_1 q_1 + a_2 q_2 & a_1 r_1 + a_2 r_2 \\ b_1 p_1 + b_2 p_2 & b_1 q_1 + b_2 q_2 & b_1 r_1 + b_2 r_2 \\ c_1 p_1 + c_2 p_2 & c_1 q_1 + c_2 q_2 & c_1 r_1 + c_2 r_2 \end{pmatrix}$$

【4.14】行列の乗法に関する法則

① $\mathbf{A}(\mathbf{B}+\mathbf{C}) = \mathbf{AB}+\mathbf{AC}$, $(\mathbf{A}+\mathbf{B})\mathbf{C} = \mathbf{AC}+\mathbf{BC}$ 　（分配法則）

② $(\mathbf{AB})\mathbf{C} = \mathbf{A}(\mathbf{BC})$, $(k\mathbf{A})\mathbf{B} = k(A\mathbf{B}) = \mathbf{A}(k\mathbf{B})$ 　（交換法則）

4.2 確率・統計・確率過程

4.2.1 確率の基本定理

まず，確率の定義を述べておく。

●確率の定義（数学的確率）[23]

　ある試行のもとで起こり得るすべての場合の数がn通りあり，それらのどの2つも重複して起こることなく，また，どの場合に起こることも同程度に期待される（同様に確からしい）ものとするとき，この試行において事象Aの起こる場合の数がaならば，$\dfrac{a}{n}$を事象Aの起こる数学的確率とい

い，これを $P(A)$ で表す．
(1) $P(A) = \dfrac{a}{n}$
(2) $0 \leq P(A) \leq 1$：事象Aが必ず起こるとき $P(A) = 1$
  決して起こらないとき $P(A) = 0$
  （Pは確率（probability）の頭文字）

●確率の公理的定義（コルモゴロフ）[24]
  (a) すべての事象に対し　$0 \leq P(A) \leq 1$
  (b) $P(\Omega) = 1$
  (c) 互いに排反な事象 $A_1, A_2, A_3, \cdots$ に対して
$$P\left(\bigcup_{i=1}^{\infty} A_i\right) = \sum_{i=1}^{\infty} P(A)$$
  (c) より和の法則が導かれる。

【4.15】和の法則
  $A \cap B = \phi$　なら　$P(A \cup B) = P(A) + P(B)$

【4.16】和の一般法則
  $P(A \cup B) = P(A) + P(B) - P(A \cap B)$
  $P(A \cup B \cup C) = P(A) + P(B) + P(C) - P(A \cap B) - P(B \cap C) - P(C \cap A) + P(A \cap B \cap C)$

一般には，上式が成り立つ。
　次に，事象A，Bに対し，Bが与えられたときのAの条件付確率を次式で定義する。

【4.17】条件付確率

$$P(A|B) = \frac{P(A \cap B)}{P(B)}, \quad P(B) > 0$$

すなわち，Bが起こる確率のうちさらにAが起こる部分の確率の割合である。

【4.17】式より，次式が成り立つ。

【4.18】

$$P(A \cap B) = P(B) * P(A|B)$$

ここで，BがAの起こり方に影響せず $P(A|B) = P(A)$[25] なら次式が成り立つ。

【4.19】積の法則

$$P(A \cap B) = P(A) * P(B)$$

4.2.2 確率変数と確率分布

変数Xの各値に，その値の確率が与えられている場合に変数Xを確率変数といい，その確率の集まりを確率分布という。集合 $\{x_1 \ x_2 \ \cdots \ x_n\}$ の中に値をとる確率変数Xを離散型と呼び，離散型確率分布には二項分布，ベルヌーイ分布，ポアソン分布等がある。

確率変数Xの値が区間 $[a,b]$ 内となる確率が，関数 $f(x)$ によって，$P(a \leq X \leq b) = \int_a^b f(x)dx$ で与えられるとき，Xを連続型確率変数と呼び，その分布を連続型確率分布という。この関数 $f(x)$ を確率密度関数といい，すべてのxに対して $f(x) \geq 0$，かつ $\int_{-\infty}^{\infty} f(x)dx = 1$ である。連続型確率分布には，正規分布，対数正規分布，ガンマ分布等がある。

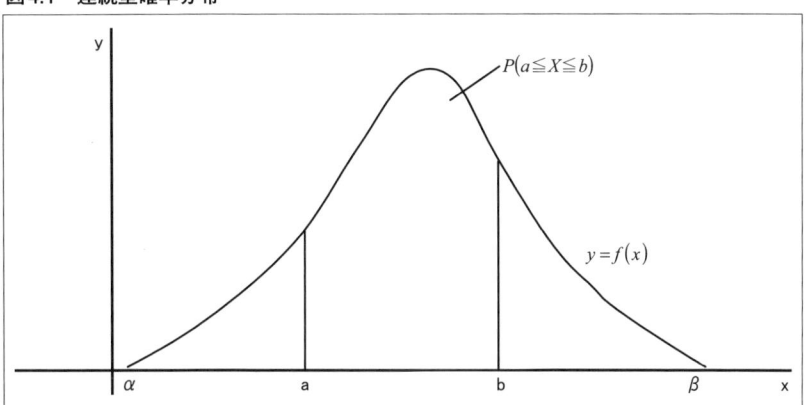

図4.1 連続型確率分布

4.2.3 期待値[26]・分散・標準偏差

確率変数Xに対してそれが取る値を確率で重み付けした平均値を，確率変数の期待値と呼び，$E(X)$ と表す。

【4.20】期待値　離散型[27]

$$E(X) = \sum_{i=1}^{n} x_i f(x_i) \qquad \left(f(x_i): 値x_iの確率\right)$$

【4.21】期待値　連続型

$$E(X) = \int_{-\infty}^{\infty} x f(x) dx \qquad \left(f(x): 値xの確率\right)$$

【4.22】期待値の演算ルール（a, b, c は定数）

（ⅰ）$E(X+c) = E(X) + c$
（ⅱ）$E(cX) = cE(X)$
（ⅲ）$E(aX+b) = aE(X) + b$
（ⅳ）$E(c) = c$ （一点分布）
（ⅴ）$E(X+Y) = E(X) + E(Y)$ （加法性）
（ⅵ）$E(aX+bY) = aE(X) + bE(Y)$

確率変数Xが期待値から乖離する幅の二乗の期待値をとったものが分散であり、$V(X)$ で表される。必ず $V(X) \geq 0$ であり、$V(X)$ の値が大きければ大きいほどばらつきは大きい。つまり、分散は期待値への集中具合やばらつき具合をみる指標である。一般に分散は σ^2 と表記される。

【4.23】分散　離散型

$$V(X) = \sum_{i=1}^{n} (x_i - E(X))^2 f(x_i)$$

【4.24】分散　連続型

$$V(X) = \int_{-\infty}^{\infty} (x - E(X))^2 f(x) dx$$

【4.25】分散の演算ルール（c は定数）

（ⅰ）$V(c) = 0$
（ⅱ）$V(X+c) = V(X)$
（ⅲ）$V(cX) = c^2 V(X)$
（ⅳ）$V(X) = E(X^2) - \mu^2 = E(X^2) - (E(X))^2$

分散の平方根$\sqrt{V(X)}$を標準偏差[28]といい，$\sigma(X)$で表される。

【4.26】標準偏差
$$\sigma(X) = \sqrt{V(X)}$$

確率変数Xのばらつきをさらにわかりやすくするものとして，変数の標準化がある。標準化は変数そのものを標準偏差で割ることで求められる。

【4.27】変数の標準化
$$Z = \frac{(x_i - \bar{x})}{\sigma}$$

変数の標準化により，期待値（平均）は0，分散は1に変換できる。Zが正ならば標準より大きく，負ならば標準より小さい。さらにZが1より大きければ標準より大きく離れていることを示している。また，同様にZが−1より小さければ標準より大きく離れていることを示している。Zは標準得点とも呼ばれ，さらに変換すると偏差値[29]が求まる。偏差値の平均は50，標準偏差は10である。

4.2.4 共分散，相関係数

次に2変数の関係[30]の強さを示す指標として共分散と相関係数がある。

【4.28】共分散
$$Cov(X,Y) = E\{(X - \mu_X)(Y - \mu_Y)\} \qquad (\mu_X = E(X), \mu_Y = E(Y))$$

共分散では，Xが大きい値をとるときにYも大きい値をとる傾向があれば，共分散は正の値になる。Xが大きい値をとるときにYが小さい値をとる

傾向があれば，共分散は負の値となる。

共分散 $Cov(X,Y)$ は実際には次の式で計算される。

【4.29】共分散の公式

$$Cov(X,Y) = E(XY) - E(X)E(Y)\ [31]$$

【4.30】相関係数

$$\rho_{XY} = \frac{Cov(X,Y)}{\sigma_X \sigma_Y} \qquad (-1 \leq \rho_{XY} \leq 1)$$

相関係数は【4.30】式に示したように必ず−1と1の間の値になる。相関係数が1のとき確率変数 X, Y は正の完全相関といい，相関係数が−1のとき確率変数 X, Y は負の完全相関という。相関係数が0のとき確率変数 X, Y は無相関であるという。1変数での標準偏差のあとに変数の標準化が出てきたが，相関係数は2変数における共分散を標準化したものと解釈すれば理解しやすい。

4.2.5 正規分布

確率分布のうち，連続型確率分布の代表的なものである正規分布を解説しよう。正規分布の密度関数は次式で表される。

【4.31】正規分布の密度関数

$$f(x) = \frac{1}{\sqrt{2\pi}\sigma} \exp\left\{\frac{-(x-\mu)^2}{2\sigma^2}\right\} = \frac{1}{\sqrt{2\pi}\sigma} e^{\frac{-(x-\mu)^2}{2\sigma^2}} \qquad -\infty < x < \infty$$

第4章 基礎概念Ⅱ（数学）

【4.32】正規分布の累積分布関数

$$F(x) = \frac{1}{\sqrt{2\pi}\sigma}\int_{-\infty}^{\infty}\exp\left\{\frac{-(x-\mu)^2}{2\sigma^2}\right\}dx = \frac{1}{\sqrt{2\pi}\sigma}\int_{-\infty}^{\infty}e^{\frac{-(x-\mu)^2}{2\sigma^2}}dx$$

　定数の$1/\sqrt{2\pi}\sigma$は全確率が1となる[32]ための標準化定数である。確率変数Xが正規分布に従っているとき，その期待値と分散は次式で表される。

【4.32】期待値

$$E(X) = \int_{-\infty}^{\infty}x\frac{1}{\sqrt{2\pi}\sigma}\exp\left\{\frac{-(x-\mu)^2}{2\sigma^2}\right\}dx = \int_{-\infty}^{\infty}x\frac{1}{\sqrt{2\pi}\sigma}e^{\frac{-(x-\mu)^2}{2\sigma^2}}dx = \mu$$

【4.33】分散

$$V(X) = \int_{-\infty}^{\infty}(x-\mu)^2\frac{1}{\sqrt{2\pi}\sigma}\exp\left\{\frac{-(x-\mu)^2}{2\sigma^2}\right\}dx = \int_{-\infty}^{\infty}(x-\mu)^2\frac{1}{\sqrt{2\pi}\sigma}e^{\frac{-(x-\mu)^2}{2\sigma^2}}dx = \sigma^2$$

　この$f(x)$を平均μ，分散σ^2の正規分布といい，$N(\mu, \sigma^2)$と表される。特に平均0，分散1であるものを標準正規分布といい，$N(0, 1^2)$と表される。どのような正規分布の確率計算も標準正規分布に帰着させることができる。標準正規分布に関しては，密度関数と累積分布関数は次式で表される。

【4.34】標準正規分布の密度関数

$$\phi(z) = \frac{1}{\sqrt{2\pi}}\exp\left(\frac{-z^2}{2}\right) = \frac{1}{\sqrt{2\pi}}e^{\frac{-z^2}{2}} \qquad \left(z = \frac{x-\mu}{\sigma}：標準化\right)$$

【4.35】標準正規分布の累積分布関数[33]

$$\varphi(z) = \frac{1}{\sqrt{2\pi}} \int_{-\infty}^{z} \exp\left(\frac{-z^2}{2}\right) dz = \frac{1}{\sqrt{2\pi}} \int_{-\infty}^{z} e^{\frac{-z^2}{2}} dz$$

4.2.6　確率過程

　確率過程は時間の経過とともにランダムに変動する事象を表現するためのモデルであり，$X(t)$あるいはX_tと表記する。株価・収益率・為替レート等がその対象となる。確率過程には離散型確率過程と連続型確率過程がある。VARのモデルとして用いられるのは離散型であり，ランダム・ウォークと呼ばれ確率過程の基礎となっている。一方，連続型の代表はブラウン運動（ウィーナー過程）と呼ばれている。いずれにしても正規分布に従うという性格を持っており，先に説明した確率分布で捉えることができ，実際には確率過程を意識することはほとんどないと言ってもいいだろう。つまり，株価・ポートフォリオの収益率・為替レート等では確率分布のグラフによる説明はあるとしても，確率過程のグラフを使って説明されることはほとんどないということになる。ただし，あくまでも株価・ポートフォリオの収益率・為替レート等は確率過程に従っていることは忘れないでほしい。

　ウィーナー過程・マルチンゲール・伊藤過程等は，本書の範囲を超えるものではあるが，ファイナンスを学ぶ上では当然必要となる項目である。さらに勉強したいと思う読者は，ファイナンスの良書が多く出版されているので参考にされたい。

20　次元が一致するときのみ定義され，1×1行列となる。
21　行列の列の数と，列ベクトルの次元が一致するときのみ定義され，$m \times n$行列と$n \times 1$行列との積は$m \times 1$行列となる。
22　行列**A**の列の数と行列**B**の行の数が一致するときのみ，積**AB**が定義され，$m \times n$行列と$n \times l$行列の積は$m \times l$行列となる。
23　『モノグラフ 公式集5訂版』矢野健太郎，科学新興新社（1996），p275
24　『入門確率過程』松原望，東京図書（2003），p8
25　この事象は，「AとBは独立である」といい，互いに起こり方が影響を及ぼし合わないことを指している。
26　統計では平均というが，確率では期待値と呼ぶ。正確には確率の重み付き平均を期待値と呼んでいる。
27　統計データにおける算術平均は，$\bar{x} = \dfrac{x_1 + x_2 + \cdots + x_n}{n} = \dfrac{\sum_{i=1}^{n} x_i}{n}$で表される。また，度数分布表からの加重平均は$\bar{x} = \dfrac{x_1 f_1 + x_2 f_2 + \cdots + x_n f_n}{n} = \dfrac{\sum_{i=1}^{n} x_i f_i}{n}$で表される。
28　平方根を取ることで単位を元の変数の単位と一致させることができる。
29　偏差値 = $10 \times Z + 50$
30　2変数の関係を視覚的に把握できるのが，散布図である。散布図は横軸にx，縦軸にyをとって平面上にプロットしたものである。
31　$\begin{aligned} Cov(X, Y) &= E\{(X - E(X))(Y - E(Y))\} \\ &= E[XY - E(X)Y - E(Y)X + E(X)E(Y)] \\ &= E(XY) - E(X)E(Y) - E(Y)E(X) + E(X)E(Y) \\ &= E(XY) - E(X)E(Y) \end{aligned}$
32　全確率が1となる $\Rightarrow \int_{-\infty}^{\infty} f(x)dx = 1$
33　第8章で再度登場するが，Excel関数NORMSDIST（信頼係数）から信頼水準，NORMSINV（信頼水準）から信頼係数が求まる。例えば信頼水準99%では信頼係数は2.33となる。このように正規分布を標準正規分布に帰着させて計算する方法が取られている。

第5章 ベーシス・ポイント・バリューと
　　　　グリッド・ポイント・センシティビティ

5.1　BPV（ベーシス・ポイント・バリュー）

5.2　GPS（グリッド・ポイント・センシティビティ）

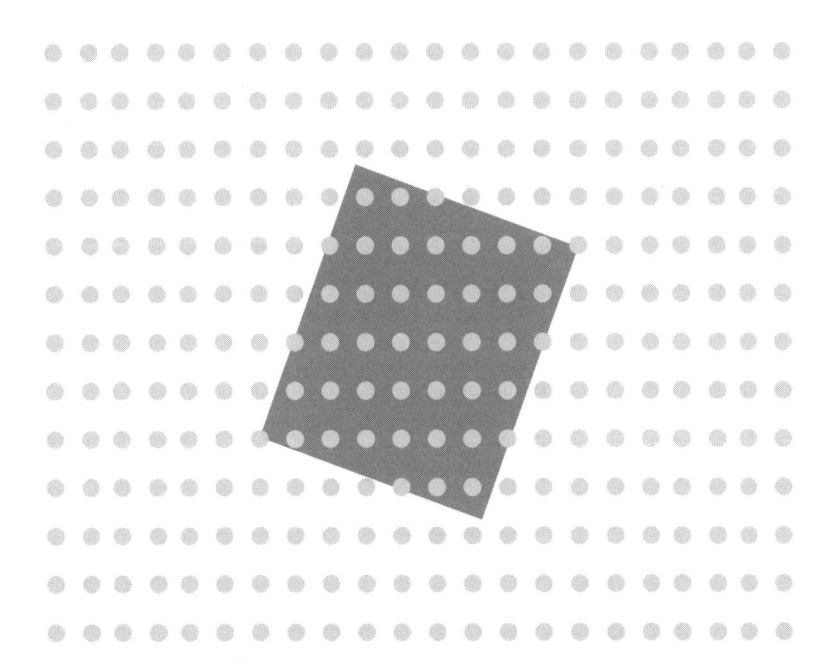

第4章までリスク分析の基礎概念を解説してきた。ここからは具体的にリスク分析指標を解説していく。まずはベーシス・ポイント・バリュー（以下，BPV）とグリッド・ポイント・センシティビティ（以下，GPS）[34]である。BPVは耳にしたことがあるだろうが，GPSというリスク指標ははじめて聞くという方が多いかと思う。GPSはBPVの変形であり，BPV概念を複数ファクターモデルに適用するために利用される概念である。

5.1 BPV（ベーシス・ポイント・バリュー）

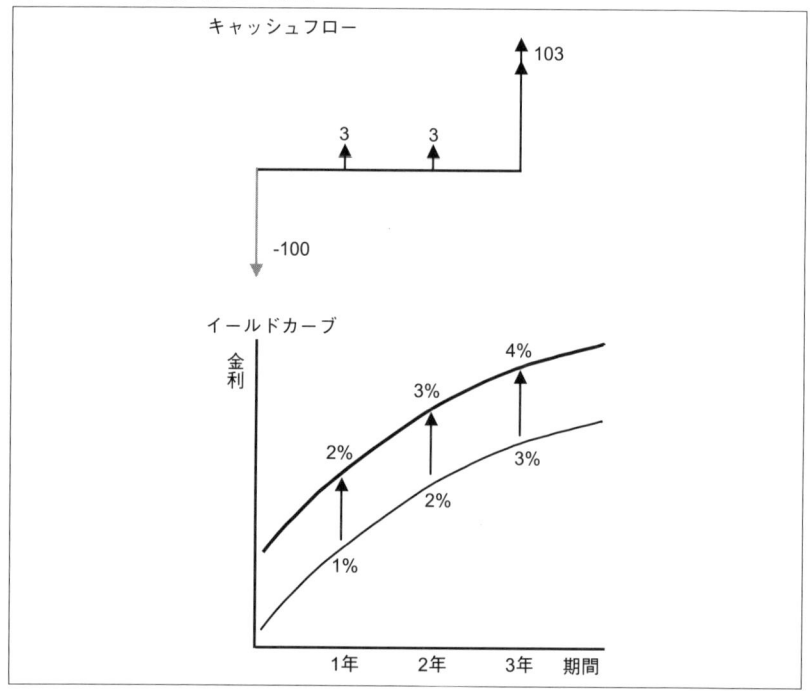

図5.1　BPVの図①（単位：億円）

BPVとは，債券価格の金利感応度を示す指標である。ここでは1%の金利上昇を考える。一般的に100BPVと言われる指標である。0.01%が1bpであり，100bpは1%を指している。例えば，「ある債券の100BPVはマイナス1

億円である」と言うことは，金利が1％上昇したら債券価格が1億円減少するのでマイナス表示が正しいが，通常，「ある債券の100BPVは1億円である」という言い方をする。前述の基礎概念Ⅰ，トレードオフで述べたように，債券価格は金利上昇時には下落する，ということを思い出してほしい。BPVの概念では，ポートフォリオを考える場合，すべての金利が1％上昇すると仮定している。これは決して現実的な仮定ではないが，リスク指標としては理解しやすい考え方である。

　（図5.1）では，上にポートフォリオのキャッシュフローの図を，下にイールドカーブの図を並べている。このようにキャッシュフローとイールドカーブの図を縦に並べて，グリッド・ポイント（期間）を合わせると，それぞれのキャッシュフローの時点に対応する金利が特定できる。この対応する金利を割引率として，現在価値が算出される。BPVの場合は，この図を使って説明するまでもなく，すべての債券の金利が一律に一定幅上昇するという仮定なので，その意味を理解することは容易だと思われる。しかし，（図5.1）のように表すことで，BPVあるいは次のGPSの考え方を理解するのには，キャッシュフローとイールドカーブの図を縦に並べることはとても有意義である。

図5.2　BPVの図②

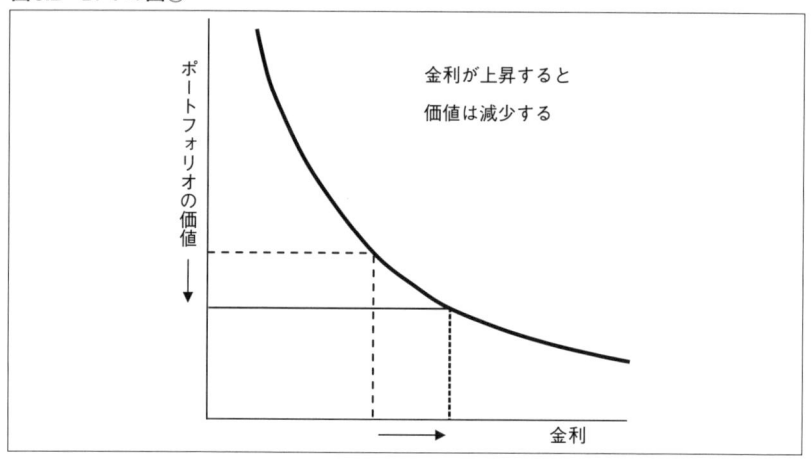

金利が上昇すると価値は減少する

（図5.2）では，横軸に金利を，縦軸にポートフォリオ価値を取っている。BPVの定義のところで述べたように，価格と金利の関係はトレードオフとなっており，右下がりの曲線である。つまり，この図はBPVの定義を図示したものとなっている。最後に実際にBPVを計算してみよう。

【5.1】BPVの計算（単位：億円）

$$当初の現在価値 = \left(\frac{3}{(1+0.01)^1}\right) + \left(\frac{3}{(1+0.02)^2}\right) + \left(\frac{103}{(1+0.03)^3}\right)$$
$$= 2.97 + 2.88 + 94.26 = 100.11$$

$$上昇時の現在価値 = \left(\frac{3}{(1+0.02)^1}\right) + \left(\frac{3}{(1+0.03)^2}\right) + \left(\frac{103}{(1+0.04)^3}\right)$$
$$= 2.94 + 2.83 + 91.57 = 97.34$$

上昇時の現在価値 − 当初の現在価値 = 97.34 − 100.11 = −2.77

計算の結果，「このポートフォリオの100BPVは2.77億円である」ことがわかる。

5.2 GPS（グリッド・ポイント・センシティビティ）

図5.3 GPSの図（単位：億円）

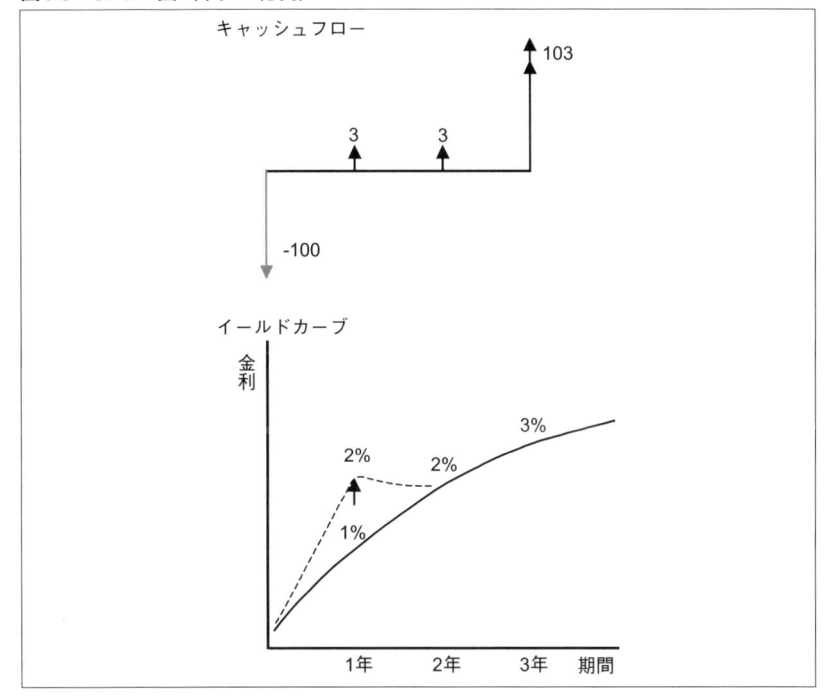

```
キャッシュフロー
                              ↑ 103
              ↑3    ↑3
    ┌─────────┴─────┴──────┘
    │
    ↓ -100

イールドカーブ
金利
                        3%
              2%  2%
              ↑
              1%
    ─────┬────┬────┬──── 期間
         1年  2年  3年
```

　GPSとは，ひとつのグリッド・ポイントにおいて，そのグリッド・ポイントに対応する金利だけが1％上昇した場合のポートフォリオ全体の価値変動を表す指標である．つまり，グリッド・ポイントごとのBPVを求めること[35]であり，その値はグリッド・ポイントの数だけ存在することになる．理論的には，各GPS値を合計すると，BPVの値になる．逆に言えば，「GPSは，BPVをグリッド・ポイントごとに分解したもの」ということになる．本章の冒頭で述べたように，GPSはBPVの概念を複数ファクターモデルに適用するために利用する概念である．つまり，複数のリスクファクターのうち，ある1つのリスクファクターだけを変化させたときの，ポートフォリオ全体の価値変化を求めるものである．

（図5.3）では，グリッド・ポイント1年の金利だけが1％上昇したときのポートフォリオ全体の価値変動を示している。同様にして2年の金利だけが1％上昇したときの全変動，3年の金利だけが1％上昇したときの全変動というように，グリッド・ポイントごとの全変動額を求めていく。各グリッド・ポイントのGPS値を単純に比較すれば，同じ1％上昇に対してどこのグリッド・ポイントの金利感応度が大きく，また，どこのグリッド・ポイントの金利感応度が小さいのかがわかる。つまり，ポートフォリオ全体から見て，どこのグリッド・ポイントにリスクがあるのかが明確に，かつ数値的に把握できる。

図5.4　GPSのギャップ分析

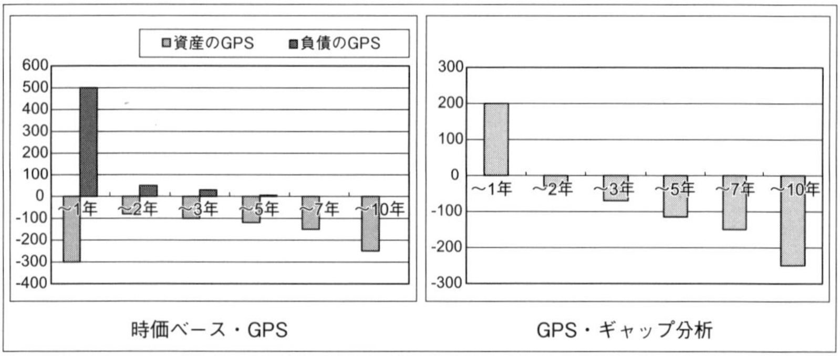

| 時価ベース・GPS | GPS・ギャップ分析 |

通常，短期のグリッド・ポイントにおける金利感応度より，長期のグリッド・ポイントにおける金利感応度の方が大きくなるということが理解できる。ただし，ポートフォリオの場合，残高（現在価値）の影響も大きいので単純には判断できないケースが多い。（図5.4）では，これを図示したものになっている。ポートフォリオ価値にプラスに影響するGPS値を上向きに，マイナスに影響するGPS値を下向きにし，資産・負債のGPS値をグラフ化したものが左図である。右図では資産と負債の差額（ギャップ）を表示している。右図では，10年のグリッド・ポイントで一番大きくマイナスとなっ

ており，10年ゾーンのリスクが大きいと判断することができる。

　後述するVARというポートフォリオ全体のリスク指標はひとつの数値でリスク量を表現しているので，リスク指標としてとてもわかりやすい。しかし，リスク分析という観点からは，グリッド・ポイントごとに分解されたGPSの方が，リスクの所在とリスク量を知る上では非常に有効であると考えられる。また，通常のギャップ分析（残高ベース＝将来価値）では，短期ゾーンにおけるギャップの大きさは把握できるが，長期ゾーンのリスク量がつかみきれないという欠点がある。しかし，現在価値に割り引き後の，（図5.4）のような現在価値ベースのGPSギャップ分析では，長期ゾーンのリスクの大きさを把握することが可能となる。つまり，現在価値ベースのGPSギャップ分析を作成する意義は大きいということがわかる。

　では実際にGPSを計算してみよう。

【5.2】GPSの計算（1年ゾーン）（単位：億円）

$$当初の現在価値 = \left[\frac{3}{(1+0.01)^1}\right] + \left[\frac{3}{(1+0.02)^2}\right] + \left[\frac{103}{(1+0.03)^3}\right]$$
$$= 2.97 + 2.88 + 94.26 = 100.11$$

$$上昇時の現在価値 = \left[\frac{3}{(1+0.02)^1}\right] + \left[\frac{3}{(1+0.02)^2}\right] + \left[\frac{103}{(1+0.03)^3}\right]$$
$$= 2.94 + 2.88 + 94.26 = 100.08$$

$$上昇時の現在価値 - 当初の現在価値 = 100.08 - 100.11 = -0.03$$

【5.3】 GPSの計算（2年ゾーン）（単位：億円）

$$当初の現在価値 = \left[\frac{3}{(1+0.01)^1}\right] + \left[\frac{3}{(1+0.02)^2}\right] + \left[\frac{103}{(1+0.03)^3}\right]$$
$$= 2.97 + 2.88 + 94.26 = 100.11$$

$$上昇時の現在価値 = \left[\frac{3}{(1+0.01)^1}\right] + \left[\frac{3}{(1+0.03)^2}\right] + \left[\frac{103}{(1+0.03)^3}\right]$$
$$= 2.97 + 2.83 + 94.26 = 100.06$$

上昇時の現在価値 − 当初の現在価値 = 100.06 − 100.11 = −0.05

【5.4】 GPSの計算（3年ゾーン）（単位：億円）

$$当初の現在価値 = \left[\frac{3}{(1+0.01)^1}\right] + \left[\frac{3}{(1+0.02)^2}\right] + \left[\frac{103}{(1+0.03)^3}\right]$$
$$= 2.97 + 2.88 + 94.26 = 100.11$$

$$上昇時の現在価値 = \left[\frac{3}{(1+0.01)^1}\right] + \left[\frac{3}{(1+0.02)^2}\right] + \left[\frac{103}{(1+0.04)^3}\right]$$
$$= 2.97 + 2.88 + 91.57 = 97.42$$

上昇時の現在価値 − 当初の現在価値 = 97.42 − 100.11 = −2.69

【5.5】 GPSの計算（合計）（単位：億円）

1年ゾーン + 2年ゾーン + 3年ゾーン = −0.03 − 0.05 − 2.69 = −2.77

3つの計算を比較すると，3年ゾーンのGPS値が一番大きくなっていることがわかる。3年ゾーンには元金のキャッシュフローが含まれるので，このキャッシュフローの現在価値を算出するとその価値はその分減少する結果となる。【5.5】式で示しているように，この3つの計算結果である，−0.03億円，−0.05億円，−2.69億円を合計すると−2.77億円となり，先に算出したBPV値−2.77億円と一致する。つまり理論的には各GPS値の合計とBPV値は一致するということが確認できる。

---

34 金利変動についてはすべて一定という定義ではない。各グリッド・ポイントごとに金利変動が異なることを示している。つまり，GPSはBPVの中に含まれていることになる。ただし，本書では，BPSとGPSを敢えて区別して使用している。

35 あるグリッド・ポイントの金利を1％上昇させたときのポートフォリオ全体の現在価値を計算し，元のポートフォリオ全体の現在価値を引いて差額（変動分）だけを算出する。

第6章　バリュー・アット・リスク

6.1　言葉による概念的理解
6.2　数式による数学的理解
6.3　図表による視覚的理解
6.4　VARのメリットとデメリット
6.5　BPVとGPSとVARの関係

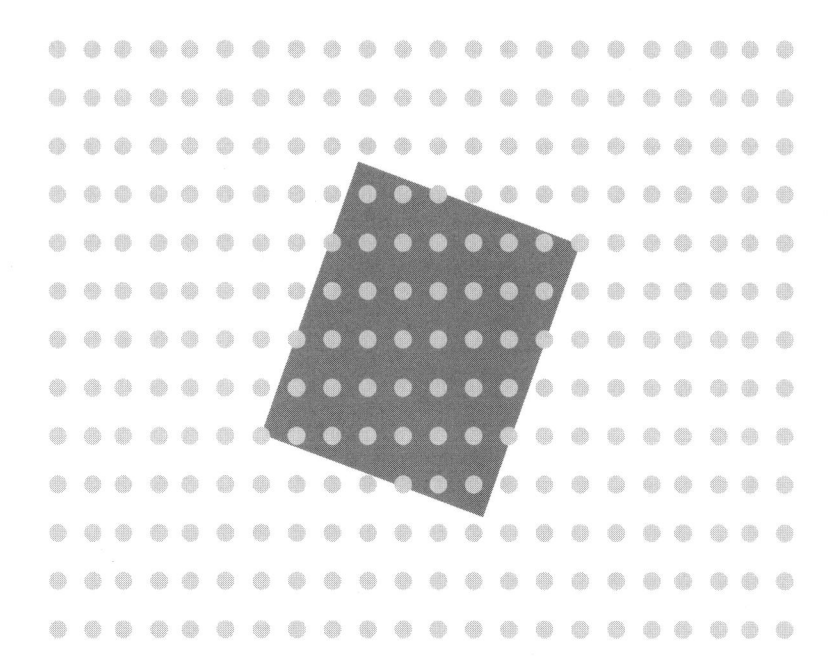

バリュー・アット・リスク（以下，VAR）には3つの手法がある。分散共分散法・ヒストリカル法・モンテカルロ法の3手法である。それぞれの手法の詳細については後で述べるが，ここでは分散共分散法の考え方を例示する。分散共分散法は，統計的概念を使ってひとつのモデルに従ってVARを求めるので，答えはひとつである。モンテカルロ法では乱数を発生させ，それにパラメータを掛けてVARを算出するので，その都度VAR値は変わってしまう。また，ヒストリカル法では，過去の収益率を使ってVARを算出するので，これも答えはひとつである。

ここでは言葉による概念的理解・数式による数学的理解・図表による視覚的理解というように，3つの理解のしかたを連携させて複合的に理解できるよう進めていこう。

6.1 言葉による概念的理解

VARを一言で表現してみる。

「ある一定の確率で起こりうる将来の最大損失額」

少し長いが，これが最も的確にVARを表現している言葉だと思う。だいたいの意味はわかるが，具体的に何なのかはわかりにくいというのが正直な感想ではないかと推測できる。さらに詳しく表現すると，

『①過去のある一定期間のデータをもとに，
　②将来の特定の期間内に，起こりうる収益率の分布を予測し，
　③ある一定の確率の範囲内で，
　ポートフォリオの現在価値がどの程度損失を被るかを，理論的に算出された値』
である。

ここでは預貸金の金利リスクを例とする。①は観測期間と呼ばれ，例えば1年間の日々の市場金利データを観測してそれから収益率を算定する。②は保有期間と呼ばれ，例えば20日間（1ヶ月）を指定し，基準日から20日後の収益率の確率分布を予測する。③は信頼水準と呼ばれ，例えば99％を指定して，収益率の確率分布上の99パーセンタイル値を算出する。具体的に上で示した数値を代入して表現し直すと，

『①1年間の金利データをもとに，
　②今後1ヶ月以内に起こりうる収益率の分布を予測する。
　　さらに，収益率の分布データを金額の順に並べる。
　③信頼水準99％の範囲内で起こりうる損失額を，統計的手法により割り出す。』

となる。以上により割り出された数値がVARである。
　実際にもこのようなステップを通じて，VARを算出していく訳であるが，しかし，まだ言葉の表現だけではVARの本当の意味があいまいかと思われる。

6.2　数式による数学的理解

次に1ファクターモデルにおけるVARの計算式を示す。

【6.1】VAR計算式（1）
　　VAR＝ポジション感応度×リスクファクターの推定変動幅

ポジション感応度とは，ポートフォリオのポジション全体の，金利1単位変動に対する現在価値の変化を示しており，具体的には1ファクターモデルではBPVになる。リスクファクターの推定変動幅とは，観測期間から算出

した収益率変動を推計したものを指している。リスクファクターの標準偏差であり,ボラティリティともいわれる。つまり,単純に捉えると,BPVとボラティリティを掛け合せたものがVARとなる。表現を変えて述べると,VARとは,「金額のブレ」に「収益率のブレ」を掛け合わせたものと捉えることができる。

また,$\sqrt{t}$ を使用したルートt倍法による計算式も表記しておく。

【6.2】VAR計算式（2）

VAR＝信頼係数×$\sqrt{保有期間}$×リスクファクターの1日当たり推定変動幅

この式は1日当たりの標準偏差を算出して,ルートt倍法でVARを算出するという簡便法である。情報端末等で簡単に計算している1日当たりの標準偏差を利用して簡便にVAR値を計算するのに使われている。しかし,この式で算出されたVAR値はあくまでも近似値であり,保有期間が短い場合には適しているが,保有期間の長いものには適さないと判断されている。

また,【6.1】式と【6.2】式では,1ファクターモデルについての関係式であるが,複数ファクターモデルに拡張してもこの関係は同じである。計算過程でベクトルや行列を使って計算するので,複雑になるだけである。この計算過程については,第8章で取り扱っているので,そちらを参照してほしい。

計算式で表現することで,VARが何を表現しようとしているか,大方見えてきたのではないだろうか。【6.1】式で示したように,感応度と標準偏差を掛け合わせることで「ポートフォリオの変動額」を表現していると捉えるのが簡潔でいい。繰り返しとなるが,VARとは,「金額のブレ」×「収益率のブレ」を合計してひとつの数値に集約したものを指している。

6.3 図表による視覚的理解

図6.1 VAR計測の概念

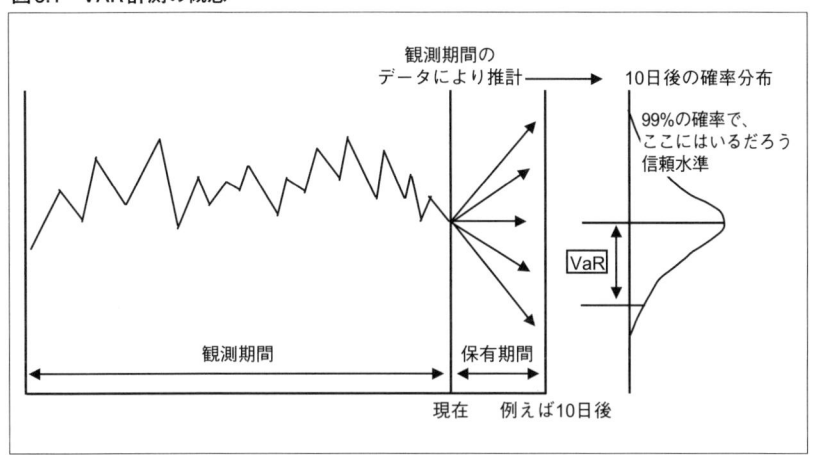

『市場リスクの計量化とVaR』山下智志，朝倉書店（2000），p27

（図6.1）を見ながら再度概念的理解の解説を確認していく。

「①過去のある一定期間のデータをもとに」のデータは，観測期間の動きの激しい線である。
「②将来の特定の期間内」の特定の期間は保有期間であり，この期間に起こりうる収益率の分布を予測する。
「③ある一定の確率の範囲」の範囲は，信頼水準99％である。

上記の①～③までを順番に追っていくことで，VARが算出されることになる。

つまり，（図6.1）は言葉によるVARの表現を忠実に図示したものであることがわかる。以上をまとめると，「図による視覚的理解」は「言葉による概念的理解」を正確に表現しているものであり，このふたつはセットで覚えておいてもらいたい。さらに，「数式による数学的理解」はとても簡潔に表

現できており，VARは「金額のブレ」×「収益率のブレ」の合計であると述べている。つまり，「金額」×「率」という簡単な掛け算の中で，『ブレ』の部分だけを抽出して算出していることを表している。

6.4 VARのメリットとデメリット

VARのメリットとデメリットの主要なものを日本銀行の資料より抜粋しておく。[36]

- ●メリット
  為替・債券・株式等，全く異なる金融資産でも，VARによって統一的にリスクを計量化し，さらに，相関等を考慮した上で合算することもできる。
- ●デメリット
  過去の一定期間のデータを使ってリスクを計量化するため，使用したデータに含まれないような大きな価格変動やショックが発生した場合のリスクは，十分に把握できない。

ここで示されたメリットは金融資産においてだけでなく，信用リスクやオペレーショナルリスクまで拡張されており，実際にも信用リスクやオペレーショナルリスクの計量化でも基本的な考え方は，VARの概念を応用したものとなっている。異なる点はそれぞれの適用する分布が違うということである。また，デメリットについては，本来VARは平常時のリスク量を計測する手法であるということである。デメリットで指摘されているような異常時のリスク量の計測は，後述するストレス・テストに含まれると考えていい。

ここで取り上げたものだけでなく，他にもさまざまなメリット・デメリットが存在する。しかし，VARが現在のリスク計測の主流となっていることにまちがいない。特にデメリットについては，よく承知の上で利用する必要

があることに十分注意を要する。だからこそ，後述するバックテスティングやストレス・テストが必要となってくるのである。単にVAR計測システムを鵜呑みにすることなく，本をただせば使用しているデータそのものがあまり良くない場合，計測結果も芳しくないものとなるのは当然である。自行データの正確性の検証をおろそかにすることなく，さらにVAR計測システムのしくみの検証をも怠らないことが，VAR算出には重要であるということを忘れてはならない。

●その他のメリット
　①将来予測に関する恣意性を排除できる。
　②損失額というひとつの金額で表示されるため，ポートフォリオの期待収益や自己資本額と比較することにより，金融機関が負っているリスク量の妥当性を判断できる。

上記②のメリットが後述する資本配賦に繋がってくる根拠となっている。

●その他のデメリット
　①普通預金・当座預金等の流動性預金が反映されない。
　②割引金利の選択，金利相関のとり方によって算出値が大きくぶれる。

上記①のデメリットについては，今後反映されることになってくるかもしれない。新BIS規制第2の柱で取り上げられている「銀行勘定の金利リスク」では，コア預金として流動性預金の扱い方が検討されている。コア預金の概念が決ってくれば，VAR算出の過程にその考え方を盛り込んだ上で算出することで対応できると考えている。

6.5 BPVとGPSとVARの関係

　GPSとは，各グリッド・ポイントごとのBPVを求めることであり，その値はグリッド・ポイントの数だけ存在する。逆に言えば，GPSは，BPVをグリッド・ポイントごとに分解している，ということになる。

　上で述べていることは，ベーシス・ポイント・バリューとグリッド・ポイント・センシティビティのところで既に述べている。あくまでもBPVが基本であり，それを各グリッド・ポイントに適用したものがGPSであり，その合計はBPVに一致するという関係である。

　次にGPSとVARの関係についても，VAR計算式のところで既に述べているように，VAR算出（ポジション感応度×リスクファクターの推定変動幅）のひとつの要因であるポジション感応度が，まさにGPS（BPV）そのものであるということになる。つまり，GPSにボラティリティ（標準偏差）を掛け合わせたもの（GPSを集約したもの）を合計したものがVARということになる。単にGPSをひとつにまとめるとBPVに戻ってしまう。そうではなくてGPSにボラティリティを加味してひとつの値に集約すると，VARが算出されるという関係になる。ここで複数ファクターモデルにおいて，ポジション感応度に掛け合わせるときに登場してくるのが分散共分散行列であり，ここからVAR算出手法のひとつである「分散共分散法」という名前がついている。

　BPVの考え方を複数ファクターモデルに適応させるために拡張させたものがGPSであり，それをもとにVARが計算されるというしくみになっている。よって，BPVの理解が，VARの考え方も容易にするものと思われる。BPVは一定幅の平行移動（パラレルシフト）という定義により，非現実的なものと判断されやすいという嫌いがあるが，VAR算出過程の中で重要な役割を果たしているのは間違いない。この部分を省略して説明している文献が多い中，本書ではこのGPSに着目し，GPSの有用性を強調している。それから，このGPSとVARの関係を明確に説明することを心がけた。GPSは

1ファクターモデルでは登場してこない概念であるが，複数ファクターモデル，つまり，本書が対象としている預貸金の金利リスクの計量化では，GPSがリスク分析の変遷を通じて，VAR計算過程の中でも有効に利用されていることを確認することができる。

---

36 『統合リスク管理の高度化』日本銀行金融機構局（2005）より抜粋。

第 7 章　資本配賦とパフォーマンス評価

7.1　資本配賦の考え方
7.2　パフォーマンス評価としての RAROC

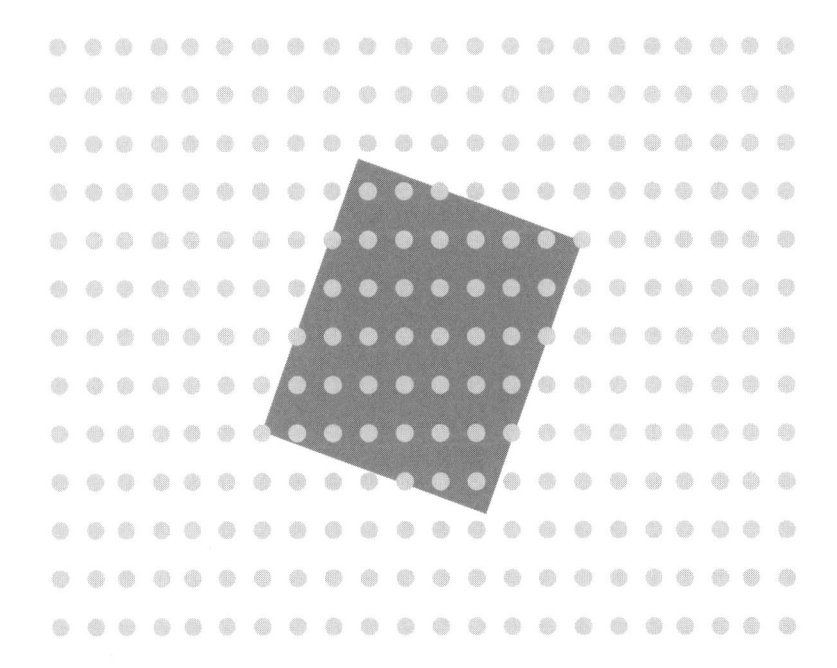

統合リスク管理の目的は，(1)健全性の確保，(2)収益性と効率性の向上である。このうち(1)の中心となるのが資本配賦であり，(2)の中心となるのがパフォーマンス評価ということになる。本章では，この資本配賦とパフォーマンス評価について解説していこう。

7.1 資本配賦の考え方

資本配賦とは，自己資本を基準としてリスクカテゴリーごとにリスク枠を割り振り（リスク資本），リスク量をその配賦されたリスク資本の枠に納まるように管理することを指している。こうした管理を行うことで，たとえ予測しているすべてのリスクが顕現化したとしても，損失を自己資本の範囲内に抑えることができる。その結果として経営の健全性を確保することが可能となるわけである。以下では，配賦原資の定義，資本配賦の方法，バッファーの捉え方という観点から説明していく。

7.1.1 配賦原資の定義

図7.1 TierⅠ自己資本とTierⅡ自己資本（BIS規制国内基準）

区分	要素	算入制限	
TierⅠ	資本勘定 （資本金，法定準備金，剰余金等）		
TierⅡ	不動産再評価額の45%		
	一般貸倒引当金	分母の0.625%以内	TierⅡ全体でTierⅠと同額以内
	永久劣後債務等		
	期限付劣後債務等	TierⅠの50%以内	

配賦原資は TierⅠ自己資本（基本的項目）が基本となり，TierⅡ自己資本（補完的項目）の全部あるいは一部を加えるという考え方が一般的である。（図7.1）ではBIS規制における区分を掲載している。ここでは単純化するため，一例として TierⅠ自己資本だけを配賦原資と仮定する。

7.1.2 資本配賦の方法

　最初に，バッファーとしての自己資本を留保するか否かという選択をしなければならない。たとえば，地域金融機関であればBIS規制における4%を最低限確保すると仮定しよう。つまり，上記配賦原資（自己資本）を4%留保分と配賦分の2つに分割することになる。

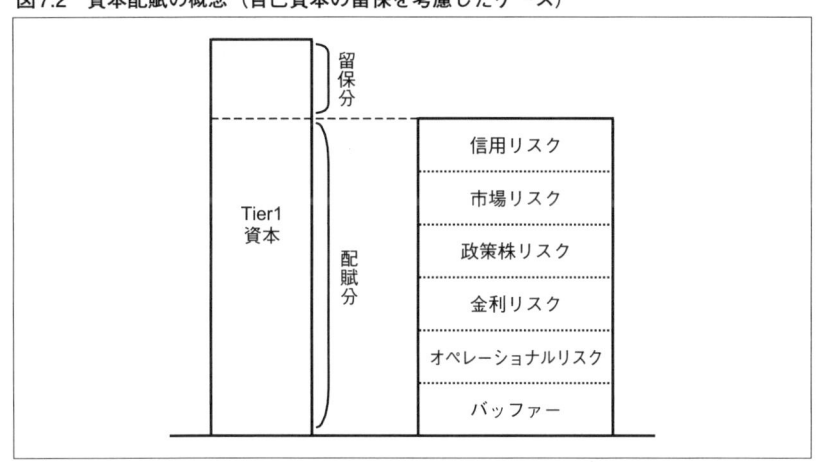

図7.2　資本配賦の概念（自己資本の留保を考慮したケース）

```
留保分
Tier1資本
配賦分 ― 信用リスク
         市場リスク
         政策株リスク
         金利リスク
         オペレーショナルリスク
         バッファー
```

　次に，算出されたVAR値を元に，各リスクカテゴリーごとにリスク枠を設定していく。ここでは具体的な数字を表示しないが，バッファーを別枠として見込むことにする。また積み上げによるリスク枠設定なので，結果として先に提示した留保分4%すら確保できない場合も考えられる。その時は留保分そのものを見直す必要が出てくる。（図7.2）は上記の方法を図式化したものとなっている。

　さらに具体的な例を提示して解説していこう。

（1）経営陣は一定の基準に従って配賦原資を確定する。自己の戦略に則して留保分を決定し，経営管理部署（リスク管理部署）[37]に一括して配

賦原資枠を委譲する。
(2) 経営管理部署（リスク管理部署）は各リスクカテゴリーの推定リスク量より，バッファーを含めた上で各担当部署と協議して，リスク枠の割り振りを確定させる。つまり経営管理部署（リスク管理部署）が配賦資本をマネージする役割を担う。
(3) 個別のリスク枠については，金利変動による影響の大きい市場リスクと金利リスクについては，算出されたVAR値に任意の倍数を掛け合せる方法が望ましい。BIS規制では10日VARの3倍という数値を提示し，それ以上の自己資本を割り当てるように示している。これはあくまでもトレーディング勘定について言及したものだが，この値を参考にするのが良いかもしれない。

配賦方法については，金融機関独自の戦略に合わせて決定すべきことであり，これがベストというものは存在しない。各金融機関の独自性の発揮が規制当局から期待されているのであるから，現段階では各金融機関がそれぞれに試行錯誤することが唯一の方策であろう。

次に，(図6.2)ではバッファーという言葉がリスクカテゴリーの1つのように表示されている。バッファーの捉え方としては以下の項目が考えられる。

(ⅰ) 資本の確保
(ⅱ) ストレス時に被りうる損失の備え
(ⅲ) 資本配賦の対象になっていないリスク顕現化への備え
(ⅳ) リスク枠の抵触による追加的配賦の原資

(ⅰ), (ⅱ) は4％留保分を当てはめるのが相応しいと考えられる。(ⅲ), (ⅳ) についてはリスクカテゴリーのひとつを当てはめるのが適当と考える。

最後に，上記（ⅰ）〜（ⅳ）には含まれないが，個別カテゴリー設定の過程の中で，個別リスク枠そのものにバッファーを含む場合がある。前述したように，金利変動による影響が大きい市場リスクや金利リスク等がそれに当てはまる。以上のように，バッファーは3種類登場するので，どの段階のバッファーなのか，明確に区分して対処する方法や特別に名称を意図的に変更して区分する方法等により，混乱しないよう注意する必要があろう。

7.2 パフォーマンス評価としてのRAROC

パフォーマンス評価とは，（図7.3）に示しているような収益管理手法を使って金融機関全体のパフォーマンスを評価したり，部門ごとやカテゴリーごとのパフォーマンスを計測して比較分析することを指している。

図7.3 収益管理手法の定義と概要

	定義	概要
ROE	＝税引き後当期利益÷株主資本	投下資本に対し，適切な収益が得られているかを明らかにする。
ROA	＝税引き後当期利益÷総資産	融資等資産に対し，適正な収益が得られているかを明らかにする。
RAR	＝粗利益－経費－期待損失	収益が，経費と期待損失をカバーしているかを明らかにする。
RACAR	同上	UFJ総合研究所が開発し，商標登録としているものである。
RAROC	＝RAR÷リスク資本	投入されたリスク資本との割合でどの程度のリスク調整後収益が得られたかを明らかにする。
RAROA	＝RAR÷リスク資産	分子にリスク調整後収益をおき，投入されたリスク資産との割合でどの程度のリスク調整後収益が得られたかを明らかにする。
EVA	＝税引き後営業利益－資本コスト	多くの利害関係者が処分できる利益を明らかにするもので，企業がどれだけ企業価値を高めたかを示す指標として扱われる。
EP	＝税引き後RACAR －株主資本コスト	金融機関における企業価値の増減を計測するために，税引後営業利益の代わりにリスク・コスト調整後収益を，資本コストの代わりに株主資本コストを用い，株主の期待以上の利益を達成したかを明らかにする。

『地域金融機関における統合リスク管理の現状と課題』金融情報システム（2005）
※RACAR（Risk And Cost Adjusted Return）
※EVA（Economic Value Added：経済付加価値）[38]

かつてはROEやROAが収益管理手法の中心だったが，現在ではRAROC（資本リスク調整後収益率）での管理を目標とする動きが中心となってきている。また，リスクの計量化が進むにつれて，RAROCの分子となるRARベースでの管理が可能となってきていることも大きく影響している。

　部門ごとのパフォーマンス評価については，（図7.4）に示しているようなプロセスとなろう。この図では「カテゴリー」と表記されているところが本来は「部門」であり，ここでは読み替えているので注意してほしい。

　（図7.4）はRAROCと資本効率を算出して比較分析をする方法を示している。特に地域金融機関の場合は注意を要する。つまり，配賦額を変更することでコントロールするわけだが，それ自体が相応しくないケースがある。貸出金については，たとえ業種別等の詳細を知ることができたとしても，ポートフォリオの組み替えという名目で，金融機関の都合で貸出金を回収すること（リスクの削減をめざすコントロール）は本来の地域金融機関としての役割を損ねるものだからである。収益率の悪い部分をよくする（収益率の改善をめざすコントロール），例えば，金利の見直し等という，逆のコントロールだけに頼らざるを得なくなる。数年前に問題となった「貸し渋り」「貸しはがし」という現象がこれに当たるだろう。金融機関の立場では決して間違った考え方ではないと思われるが，社会的には許容・認知されることは決してない。

　冒頭に述べたように，資本配賦は「健全性の確保」を担い，RAROCは「収益性と効率性の向上」を担っている。どちらか一方を実施していれば良いわけでなく，資本配賦とRAROCの両方を実施しなければ意味はないということを忘れないでほしい。「量の管理」と「率の管理」は併せて実施して初めて機能するものである。

　また，RAROCでは部門別に区分しなければいけないわけではないので，（図7.4）ではカテゴリー別に変更した。カテゴリー別にすると責任が明確化されないケースもあろうかとは思われるが，ひとつの方策として利用するの

図7.4 パフォーマンスの評価

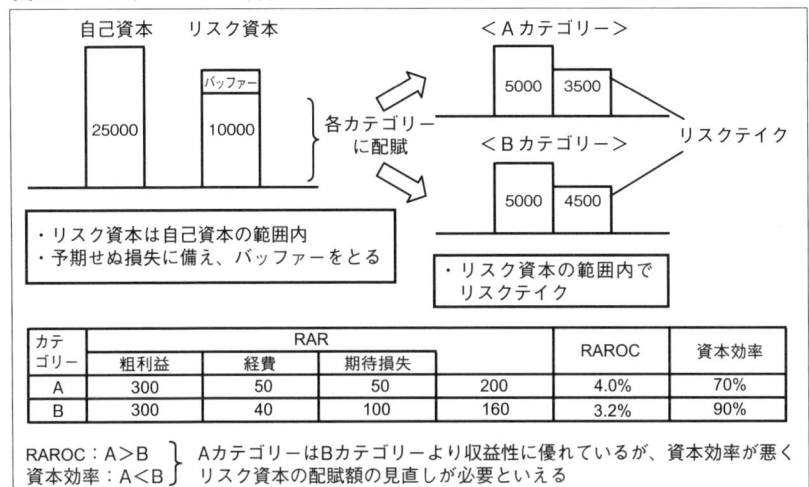

カテゴリー	RAR				RAROC	資本効率
	粗利益	経費	期待損失			
A	300	50	50	200	4.0%	70%
B	300	40	100	160	3.2%	90%

RAROC：A＞B　｝　Aカテゴリーはbカテゴリーより収益性に優れているが、資本効率が悪く
資本効率：A＜B　　リスク資本の配賦額の見直しが必要といえる

『地域金融機関における統合リスク管理の現状と課題』金融情報システム No.278
（筆者が一部変更している）[39]

もいいと捉えている。実際，地域金融機関では部門別よりカテゴリー別の方がすっきり当てはまるかもしれない。

　RAROCはどちらかといえば商社のように部門がはっきりと区分されている業態ではうまく機能するようだ。実際にも商社での運用の方が進歩している。また，メガバンクでも部門が区分されているので導入しやすいのかもしれない。いずれにしても，具体的な方法は各金融機関で異なったとしても，RAROCによる管理をしないことは「率の管理」を疎かにすることであり，片手落ちである。

37 統合リスク管理を実施する部署として，経営管理部署あるいはリスク管理部署を想定している。各金融機関によって異なるだろうが，より「戦略的」を意識すれば経営管理部署が担当するのが相応しい。また，2部署による共管も選択のひとつであろう。

38 米国のコンサルティング会社スターン・スチュアート社が提唱した業績指標で，この名称は同社の登録商標にもなっている。

39 カテゴリーとしているところは，本来は「部門」である。

第8章　VAR再考

8.1　分散共分散法の概念
8.2　信頼水準と信頼係数
8.3　ヒストリカル法とモンテカルロ法
8.4　手法の選択

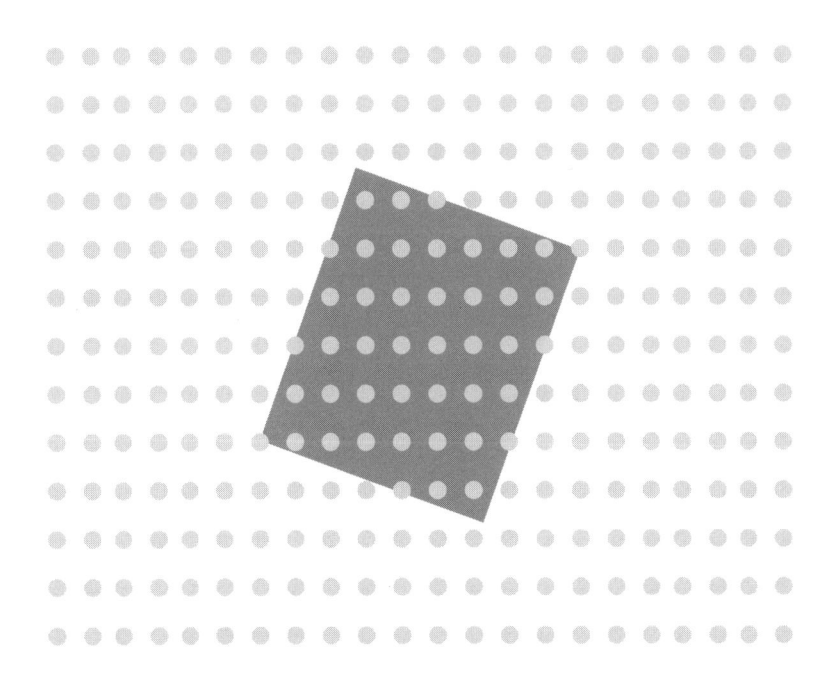

VARの定義を引用しておく。

『保有ポートフォリオの現在価値をVとする。現時点を0とし，将来のある時点Tにおけるこのポートフォリオの価値の変動額ΔVが，ある水準$-x$を下回るという事象が確率αで生起するとき，xをこのポートフォリオの水準$100(1-\alpha)$%の期間TのVARという。数学的には，VARとは，

$$P\{\Delta V \leqq -x\} = \alpha \quad \text{を満たす点}x\text{のことである。}$$』[40]

本章では，VARの3つの手法を詳しく解説し，選択のポイントに注目する。

8.1 分散共分散法の概念

ここでは（図6.1）VAR計測の概念図を再掲し，この図を元に分散共分散法の詳細について第6章の復習をしながら解説していこう。

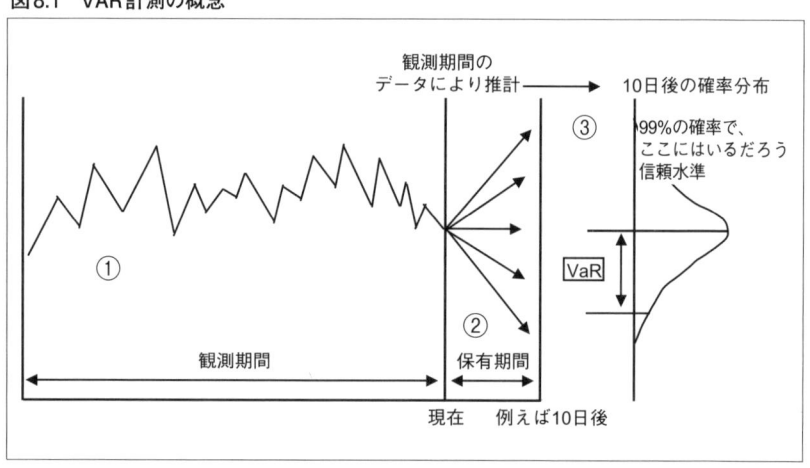

図8.1 VAR計測の概念

『市場リスクの計量化とVaR』山下智志，朝倉書店（2000），p27

第6章では，言葉による概念的理解として
『VARとは，
①過去のある一定期間のデータをもとに→観測期間
②将来の特定の期間内に起こりうる収益率の分布を予測し→保有期間
③ある一定の確率の範囲内で→信頼水準
ポートフォリオの現在価値がどの程度まで損失を被るか（損失の最大値）を理論的に算出された値である。』
と説明した。また，（図8.1）は上記の言葉による説明を正確に表現している図であるとも述べた。

　直感的理解としてはここまでで十分だと思う。②の保有期間までのプロセスは3つの手法すべてで同じになる。起こりうる収益率の分布予測（太字下線）の方法が手法によって異なるということになる。さらに数学的理解として数式による解説もした。ここでもその数式，【6.1】式を再掲する。

【8.1】1ファクターモデルにおけるVARの計算式

　　VAR＝ポジション感応度×リスクファクターの推定変動幅
　　ポジション感応度：金利1単位変動に対する，ポジション全体の現在価値の変化
　　リスクファクターの推定変動幅：観測期間から算出した収益率変動の推計

【8.1】式により1ファクターモデルにおけるVARは，感応度とボラティリティを掛け合わせることで算出していることがわかる。次に，複数ファクターモデルへ拡張していく。複数のリスクファクターの場合には，相関という概念を考慮する必要が出てくる。リスクファクターごとのVARを単純に合計するだけでは，ポートフォリオのVARは算出できない。実際にはポートフォリオのVARは単純な合計より小さくなり，これを「ポートフォリオ効果」と呼んでいる。

ここまでVAR算出の手順を直感的理解に従って説明してきた。さらに分散共分散法の概念を詳しく考えていく。分散共分散法は，デルタ法とほぼ同じ意味で使われている。2つの呼び方はほぼ同じ方法を指しているというのが一般的な捉え方である。分散共分散法はリスクの合成に分散共分散行列を使うため，このように呼ばれている。一方，デルタ法はリスクファクターの収益率が正規分布に従うと仮定したとき，VARが標準偏差の一定倍で表現できることを用いた方法である。つまり，BPVやデュレーションと同様に1次近似であり，保有期間がごく短いという条件であれば，

　　　（最大損失）＝（エクスポージャー[41]）×（最大価格変動幅）

という簡単な式でVARを計測しても誤差は少ないだろう，というのがデルタ法のアプローチである。ここでポートフォリオのリスクの計算過程を詳しく解説しよう。
　ポートフォリオとしての信頼水準99％，保有期間T日間のVARは，

【8.2】ポートフォリオのVAR計算式[42]
　　　（信頼水準99％のとき，信頼係数は2.33となる）

$$VAR = 2.33 \times \sqrt{T \sum_{i=1}^{N} \sum_{j=1}^{N} \pi_i \pi_j \rho_{ij} \sigma_i \sigma_j}$$

……　π_i：資産iの量
　　　σ_i：資産iの1日あたりの標準偏差
　　　ρ_{ij}：資産iと資産jの価格変化の相関関係

【8.2】式第2項Σ以降の，複数ファクターモデルにおけるボラティリティ推定値の算出の式を以下に示す。ベクトルと行列で表示すると，さらに簡潔になる。ここでTは転置行列[43]を表している。

【8.3】ボラティリティの計算式（1）

$$\sigma_P^2 = \sum_{i=1}^{N}\sum_{j=1}^{N} \pi_i \pi_j \rho_{ij} \sigma_i \sigma_j$$

$$= \begin{pmatrix} \pi_1 & \pi_2 & \cdots & \pi_N \end{pmatrix} \begin{pmatrix} \sigma_1^2 & \rho_{12}\sigma_1\sigma_2 & \cdots & \rho_{1N}\sigma_1\sigma_N \\ \rho_{21}\sigma_2\sigma_1 & \sigma_2^2 & \cdots & \rho_{2N}\sigma_2\sigma_N \\ \vdots & \vdots & \ddots & \vdots \\ \rho_{N1}\sigma_N\sigma_1 & \rho_{N2}\sigma_N\sigma_2 & \cdots & \sigma_N^2 \end{pmatrix} \begin{pmatrix} \pi_1 \\ \pi_2 \\ \vdots \\ \pi_N \end{pmatrix} = \pi^T \Sigma \pi$$

$$\therefore \sigma_P^2 = \sqrt{\pi^T \Sigma \pi}$$

さらにΣを分解すると,

【8.4】ボラティリティの計算式（2）

$$\sigma_P^2 = \underbrace{\begin{pmatrix} \pi_1 & \pi_2 & \cdots & \pi_N \end{pmatrix}}_{\pi^T} \underbrace{\begin{pmatrix} \sigma_1 & 0 & \cdots & 0 \\ 0 & \sigma_2 & \cdots & 0 \\ \vdots & \vdots & \ddots & \vdots \\ 0 & 0 & \cdots & \sigma_N \end{pmatrix}}_{\Omega^T} \underbrace{\begin{pmatrix} 1 & \rho_{12} & \cdots & \rho_{1N} \\ \rho_{21} & 1 & \cdots & \rho_{2N} \\ \vdots & \vdots & \ddots & \vdots \\ \rho_{N1} & \rho_{N2} & \cdots & 1 \end{pmatrix}}_{R} \underbrace{\begin{pmatrix} \sigma_1 & 0 & \cdots & 0 \\ 0 & \sigma_2 & \cdots & 0 \\ \vdots & \vdots & \ddots & \vdots \\ 0 & 0 & \cdots & \sigma_N \end{pmatrix}}_{\Omega} \underbrace{\begin{pmatrix} \pi_1 \\ \pi_2 \\ \vdots \\ \pi_N \end{pmatrix}}_{\pi}$$

$$= \pi^T * \Omega^T * R * \Omega * \pi$$
$$= (\Omega_\pi)^T * R * (\Omega_\pi)$$
$$= \sigma_\pi^T * R * \sigma_\pi \quad \because \sigma_\pi = \Omega_\pi$$
$$\therefore \sigma_P = \sqrt{\sigma_\pi^T * R * \sigma_\pi}$$

となる。

【8.3】式,2行目の行列表示されているΣが,分散共分散行列であり,リスクの合成に分散共分散行列を使用して算出していることを示している。【8.4】式ではさらに,Σを分解することで計算しやすくなっている。両側の標準偏差の行列（σ_π^Tとσ_π）の間に,相関行列（**R**）がはさまれている形となる。ここで算出されるσ_Pが,【8.1】式の「リスクファクターの1日当たり推定変動幅」に当たる。

　以上で,VAR算出における一番面倒な部分をとても簡単な形に変換する

ことができた。あとは【6.2】式を使って、掛け算によりVAR値を算出できる。【6.2】式を再掲しておく。

【6.2】VAR計算式（2）
　　　VAR＝信頼係数×√保有期間×リスクファクターの1日当たり推定変動幅

8.2　信頼水準と信頼係数

　VAR計測において重要な役割を果たしている、信頼水準と信頼係数について述べておこう。（図8.2）を見てほしい。（図8.2）では標準正規分布[44]の図になっている。4.2.5　正規分布では「どのような正規分布の確率計算も標準正規分布に帰着させることができる」と説明した。つまり、どのような正規分布も標準化すればすべて同一の標準正規分布に変換できるということを指している。標準正規分布に変換した方が理解しやすく、計算もしやすいためである。そして、標準正規分布で計算した結果を最後に元に戻せば良い。その方法が分布の規模を加味したσを掛けることになる。

　まず、信頼水準と損失発生確率の関係を（図8.2）上で確認してほしい。本書では信頼水準を99％と仮定している。（図8.2）のような曲線を確率密度関数といい、ここで扱うパーセント表示は曲線に囲まれた面積を表している。よって、

　　　損失発生確率＋信頼水準＝100％　つまり、1％＋99％＝100％

ということになる。（図8.2）で最下位に表示されている、損失区間と信頼区間の境の値がVAR値である。これは『変数が正規分布に従うと仮定したとき、標準偏差の一定倍で面積を表現できる』という性質を利用している。例えば99％の場合は、面積（＝累積確率）は2.33σで表現できる。そして、この2.33が「信頼係数」である。Excel関数（標準正規累積分布関数の逆関

数の値を求める）＝ NORMSINV（0.99）で，信頼水準 0.99 より信頼係数 2.33 は簡単に計算できる。また，Excel 関数（標準正規累積分布関数の値を求める）＝ NORMSDIST（2.33）では，逆に信頼係数 2.33 より信頼水準 0.99 が得られる。

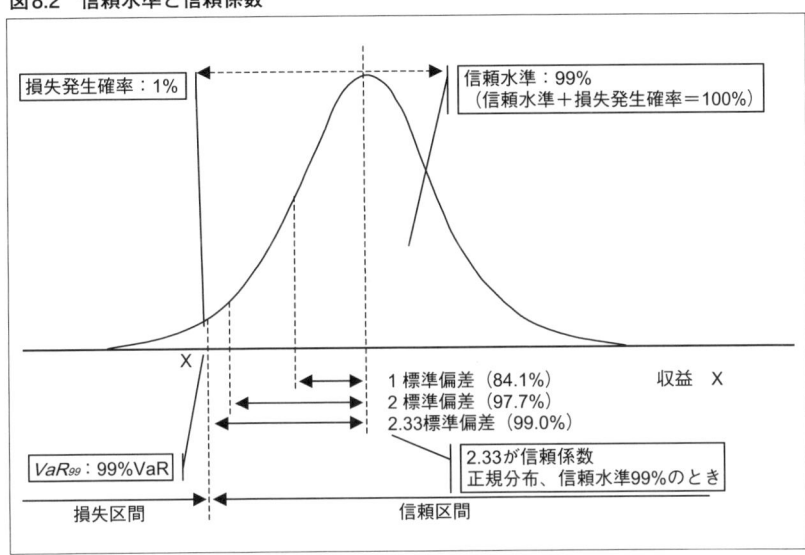

図 8.2　信頼水準と信頼係数

- 損失発生確率：1%
- 信頼水準：99%（信頼水準＋損失発生確率＝100%）
- 1 標準偏差（84.1%）
- 2 標準偏差（97.7%）
- 2.33 標準偏差（99.0%）
- 収益　X
- VaR_{99}：99%VaR
- 2.33 が信頼係数　正規分布、信頼水準 99% のとき
- 損失区間／信頼区間

『市場リスクの計量化と VaR』山下智志，朝倉書店（2000），p25

　正規分布の性質である『変数が正規分布に従うと仮定したとき，標準偏差の一定倍で面積を表現できる』が指していることは，（図 8.2）で見ると，もし横軸である平均からの距離が分かればそれから面積がわかるということである。

　VAR の算出では上の表現の全く逆のことを指し，面積が分かっていれば，それから平均からの距離が分かるだろうということを示す。つまり信頼水準 99% と仮定しているのだから，面積が分かっているわけである。よってそれから平均からの距離が分かる。Excel 関数 NORMSINV（0.99）により，信

頼係数が2.33と算出され、さらにσを掛けた2.33σ[45]が平均からの距離となる。これがVAR値ということになる。

8.3　ヒストリカル法とモンテカルロ法

　前項でも触れたように3つの手法の違いは、収益率の予測のしかたの違いということになる。特に分散共分散法は統計的概念を使ってひとつのモデルに従ってVAR値を算出する方法であり、他の2つの方法とはまったく異なっている。ではヒストリカル法とモンテカルロ法ではどうだろうか。この2つの手法は同じ概念を使って最大損失額を決定している。つまり、予測された数値をその大きさに従って小さい方から順番に並べ、信頼水準に応じた順位の数値を最大損失額とするという方法である。最大損失額の決定方法ではまったく同じ概念を使用しており、違いは単に収益率の予測方法が異なるということになる。

　ヒストリカル法は厳密に言えば収益率の分布を予測していない。過去のデータそのものを使いリスクを計測する手法である。ヒストリカル法はとてもシンプルであり、実態に近いリスク計測が可能であると考えられている。また、実データを使用して予測するので、「ファット・テール」[46]の問題も起こらない。逆にデメリットとしては、リスク量が変動しやすい、という問題がある。その原因は裾のデータは数そのものが少なくぶれやすいこと、それからその値も大きくなりやすい傾向があることが挙げられる。（図8.3）はヒストリカル法の概念を、ヒストグラムを使用して表している。

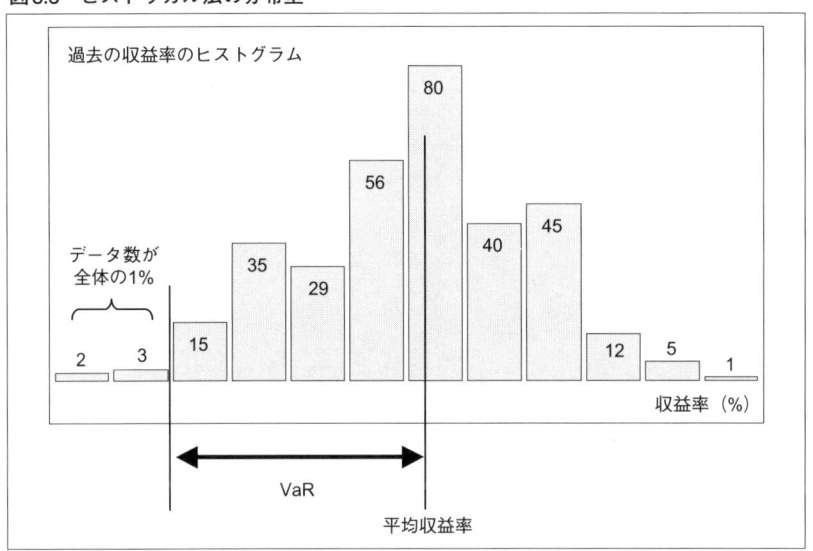

図8.3 ヒストリカル法の分布型

```
過去の収益率のヒストグラム
                            80
                      56
データ数が
全体の1%        35
              29          40  45
   2  3  15              12   5   1
                                   収益率（％）
      ←――――――――→
         VaR
            平均収益率
```

『市場リスクの計量化とVaR』山下智志，朝倉書店（2000），p57

　ヒストリカル法は海外の銀行で多く使われている手法であり，日本においても2003年6～8月に起きた債券大暴落の後に，それまで大半が使用していた分散共分散法やモンテカルロ法の問題点が指摘され，ヒストリカル法が脚光を浴びたという経緯がある。金融機関において，あらゆるセクションでVAR（分散共分散法やモンテカルロ法による）に依存したリスク管理を実施していたため，大きな金利ショックに過剰に反応したと考えられている。分散共分散法やモンテカルロ法では過度に反応しすぎたので，経験値をデータとするヒストリカル法が見直されたものである。
　一方，モンテカルロ法は，乱数を発生させ数値解析的にVARを計測する手法である。さまざまな価格特性に対応できるというメリットがあり，デメリットとしてはシステム負荷が高いという問題がある。前述したように，ヒストリカル法と同様に，予測された数値を大きさに従って小さい方から順番に並べ，信頼水準に応じた順位の数値を最大損失額とする方法でVAR値を

決定している。

分散共分散法は線形リスク計測ではかなり精度が高く，リスクの計量化に向いている。ところが，オプションを代表とする非線形リスクの計測には向いていない。したがって，ポートフォリオに非線形リスクが含まれる場合には，このモンテカルロ法でVARを算出することが望ましいと考えられている。

8.4 手法の選択

3つの手法のメリット・デメリットを見てきたわけだが，果たしてどの手法が一番優れているだろうか。この問題に対する解答はないと思ってほしい。ポートフォリオの状況によって，つまり，ケースによって異なるということであり，金融機関は3つの手法の中から独自に選択していく必要がある。基本的には3つの手法すべてで計測が可能な環境であれば，それらを用いてVAR値を計測して，その結果を分析していくのが最も良い方法に違いない。前項では3つの手法の特徴を示したので，各手法のメリット・デメリットを認識して，その時々でポートフォリオの状況にあった手法をメインに据えていくことが望ましい。

おそらく，非線形リスクが含まれないケースでは，分散共分散法とモンテカルロ法ではかなり近似した値が計測できるものと推測できる。ヒストリカル法との差異原因分析を実施することで，その差異の特徴を知っておく必要がある。また，非線形リスクが含まれる場合は，モンテカルロ法を中心として他の2手法をサブとして計測していくのが望ましい。自行のポートフォリオの状況を徹底的に分析して，その特徴を知っておくことこそが最も重要なことではないだろうか。そして3つの手法のうち，1つの手法だけでしか計測しないという方法が最も好ましくない。少なくとも2つ以上の手法によりVARを算出し，時系列で比較分析することが最低限要求されていると判断すべきである。最近の動向としては，ヒストリカル法をメインにする金融機

関が増えているという事実を述べておく。

---

40 『バリュー・アット・リスク』木島正明，きんざい（1998）
41 ポートフォリオのうち，直接的にかかわる特定の「リスク」に対しての資産の割合のこと。
42 第6章（6.2）式を数式で表現したもの。
43 転置行列…行列Aの行と列を入れ替えて得られる行列。
44 標準正規分布では期待値は0，標準偏差は1となる。
45 σを掛けることで元の分布に戻していることを示している。
46 実際の分布形状は正規分布より裾が厚くなることをファット・テールと呼んでいる。実際にはファット・テールにもかかわらず，正規分布を仮定してVARを計測すると，VARを小さく計測してしまうことに問題がある。

第9章　スワップの効果

9.1　長短金利のミスマッチと金利上昇リスク
9.2　金利スワップによるヘッジと効果
9.3　スワップにまつわる実務上の問題点

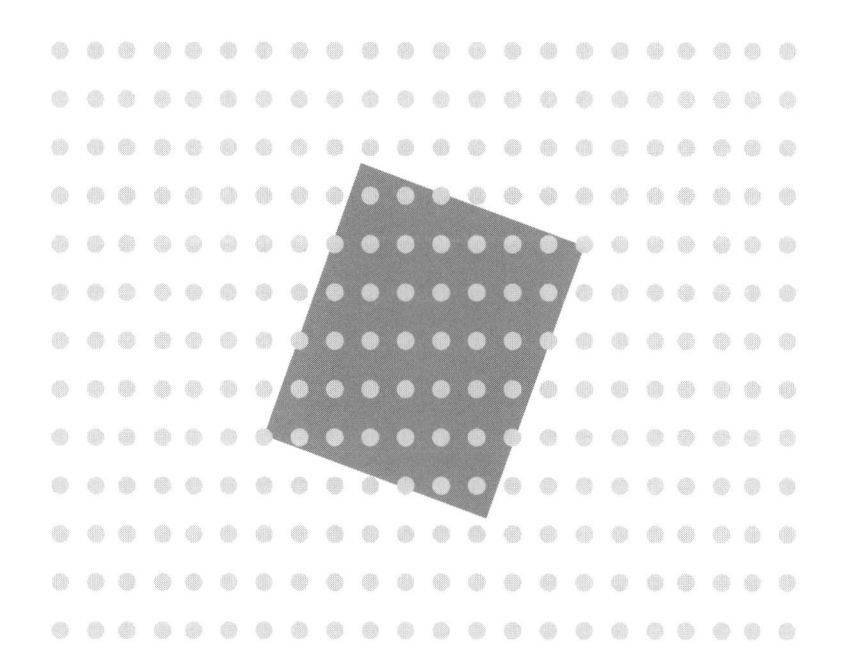

貸出金における固定と変動の割合を変更するには,「金利スワップ」というコントロールが有効である,と第2章で述べた。金利スワップは金利リスクをヘッジする手段として活用されている。具体的には金利上昇によるポートフォリオの価値の下落をヘッジする手段として金利スワップが使われている。この場合には,固定金利を支払い,変動金利を受け取るというスワップ取引を行う。この結果,キャッシュフローは固定金利から変動金利に変換されることになる。これで金利上昇時でもポートフォリオの価値減少を相殺するかたちで,リスクヘッジされることになる。

　金利スワップでは,ある一定の元本(想定元本)を想定し,これに対する金利のみをお互いに交換する。通常,取り扱われている金利スワップはプレイン・バニラと呼ばれ,付利期間の初めに変動金利の値を決定し,終わりにこの変動金利と固定金利の交換を行う。このときの変動金利には,LIBOR[47]がよく使われる。また,変動金利は付利期間と同じ期間のものを適用する。固定金利については,パーレート,すなわち受取と支払の価値が等しいときのSWAP金利が使われる。

　なお,本書では期間損益シミュレーションによるスワップの効果を取り上げており,現在価値算出については『スワップの価格はこうして決まる』[48]を参照されたい。

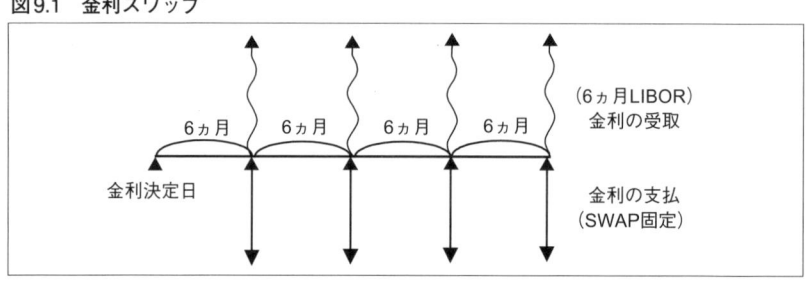

図9.1　金利スワップ

（6ヵ月LIBOR）
金利の受取

6ヵ月　6ヵ月　6ヵ月　6ヵ月

金利決定日

金利の支払
（SWAP固定）

　スワップのキャッシュフローを表示するのに（図9.1）のような矢印法が

一般的に用いられる。ここでは金額が確定している金利の支払については直線で表し，金額が未確定な金利の受取については波線で表している。

次に簡単な例で資金利益の期間損益シミュレーションを示すことで，スワップの効果の概略を確認しておこう。

9.1　長短金利のミスマッチと金利上昇リスク

　金利リスクは，「長短金利のミスマッチ」と呼ばれ，短期の調達と長期の運用を行うことによって生じる。そして金利上昇局面で金利リスクは顕在化する。具体的には，調達金利の方が先行して金利が上昇していくことにより，資金利益が圧迫される。調達は預金であり，ほぼ数ヶ月以内で入れ替わってしまう。一方，運用は貸出金であり，特に住宅ローンやアパートローンでは長期間となる。そのうち変動金利・連動金利と呼ばれる貸出金については，おおむね市場金利に連動すると考えられる。つまり，変動金利にはほぼ金利リスクはないと判断されるが，固定金利には必ず金利リスクが存在していると判断できる。

　ここで簡単な例を考えてみよう。まず資産のうち，固定金利貸出金100億円を抜き出してみる。さらにこの貸出金に対応する負債として，同額の預金100億円も同時に抜き出してみよう。固定金利貸出金の金利を3.0％，預金の金利を0.1％と仮定する。このときの1年度の資金利益を計算すると，運用収益300百万円，調達費用10百万円となり，差引き資金利益は290百万円となる。次に金利上昇したときの資金利益の変動を見ていこう。ここでは単純化のため，金利変動は年度ごとに変化するという仮定をおく。

　（図9.2）では上段で年度ごとの金利上昇が0.1％のケース，下段では年度ごとの金利上昇が0.5％のケースでの資金利益（期間損益）の変動を示している。0.1％上昇のケースでは，1年度の資金利益290百万円から年度ごとに10百万円ずつ減少していき，5年度の資金利益は250百万円となる。下段の0.5％上昇のケースでは，1年度の資金利益290百万円から年度ごとに50百

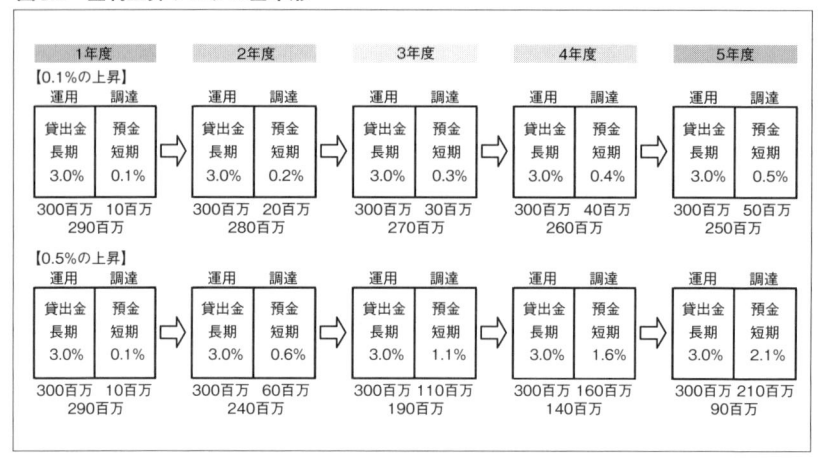

図9.2　金利上昇リスクの基本形

	1年度		2年度		3年度		4年度		5年度	
【0.1%の上昇】	運用	調達	運用	調達	運用	調達	運用	調達	運用	調達
	貸出金 長期 3.0%	預金 短期 0.1%	貸出金 長期 3.0%	預金 短期 0.2%	貸出金 長期 3.0%	預金 短期 0.3%	貸出金 長期 3.0%	預金 短期 0.4%	貸出金 長期 3.0%	預金 短期 0.5%
	300百万	10百万	300百万	20百万	300百万	30百万	300百万	40百万	300百万	50百万
	290百万		280百万		270百万		260百万		250百万	
【0.5%の上昇】	運用	調達	運用	調達	運用	調達	運用	調達	運用	調達
	貸出金 長期 3.0%	預金 短期 0.1%	貸出金 長期 3.0%	預金 短期 0.6%	貸出金 長期 3.0%	預金 短期 1.1%	貸出金 長期 3.0%	預金 短期 1.6%	貸出金 長期 3.0%	預金 短期 2.1%
	300百万	10百万	300百万	60百万	300百万	110百万	300百万	160百万	300百万	210百万
	290百万		240百万		190百万		140百万		90百万	

万円ずつ減少していき，5年度の資金利益は90百万円となる。6年度以降も同じような状況が続けば7年度では資金利益はマイナスとなり，それ以降は赤字がますます拡大していくということになる。

9.2　金利スワップによるヘッジと効果

そこで金利上昇時の金利リスクへのヘッジを検討しよう。ヘッジとして金利スワップを取り上げる。固定金利と変動金利を交換することにより，固定金利部分が変動金利に変換できることになる。スワップ取引とは，将来のキャッシュフローを現在時点で等価で交換する取引である。ということはオプションのようなコストはかからない。

ここでは5年もののスワップ支払金利，0.35％と6MLIBOR受取金利，0.07％の交換を例とする。なお，簡単にするため想定元本は運用・調達と同額の100億円と仮定する。

図9.3　スワップの効果（0.1％の上昇）

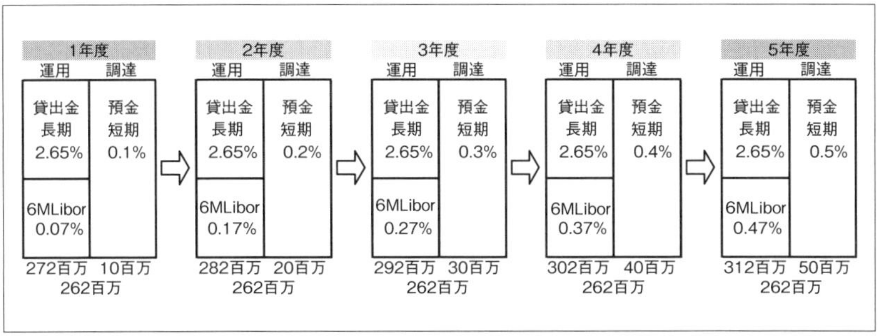

	1年度		2年度		3年度		4年度		5年度	
	運用	調達	運用	調達	運用	調達	運用	調達	運用	調達
	貸出金 長期 2.65%	預金 短期 0.1%	貸出金 長期 2.65%	預金 短期 0.2%	貸出金 長期 2.65%	預金 短期 0.3%	貸出金 長期 2.65%	預金 短期 0.4%	貸出金 長期 2.65%	預金 短期 0.5%
	6MLibor 0.07%		6MLibor 0.17%		6MLibor 0.27%		6MLibor 0.37%		6MLibor 0.47%	
	272百万	10百万	282百万	20百万	292百万	30百万	302百万	40百万	312百万	50百万
	262百万		262百万		262百万		262百万		262百万	

1年度の運用側では，貸出金金利，3.0％からスワップ固定支払金利0.35％を差し引いた金利2.65％にスワップ変動受取金利0.07％を加えた金利がスワップ実施後の運用金利となる。つまり，1年度では運用金利2.72％での運用収益は272百万円となり，調達金利0.1％での調達費用は10百万円となる。差引き資金利益は262百万円ということになる。まずこれを基本として，次年度以降では6MLIBOR金利と預金金利を0.1％ずつ上昇させるというシミュレーションを考えていく。その結果として2年度では資金利益は262百万円，3年度では資金利益は262百万円，4年度では資金利益は262百万円，5年度では資金利益は262百万円となる。つまり，この単純な例ではスワップ実施後の資金利益は，すべての年度で262百万円となり一定となる。これがスワップの効果であり，固定金利部分を変動金利に交換することにより，この抜き出した100億円だけを考えれば資金利益は金利の変動に左右されず，理論的には一定となるということがわかる。つまり固定金利貸出金の金利を，固定金利から変動金利に変換することで，金利リスクから開放されることを意味している。

　価格変動リスクに対する「先物」によるヘッジでは，『利益の固定化』という効果がある。一方，金利リスクに対する「スワップ」によるヘッジでは，『利益の安定化』という効果が期待できる。単年度では効果がわかりにくいが，複数年度の利益を計算することでスワップの効果が認識できる。つ

まり，固定金利と変動金利を交換することで，リスクの安定化を図ることができる。実際には，上で述べた簡単な例のようには明確にスワップの効果が確認できるわけではない。しかし，基本的な考え方を明確にしておけば，実際の金利ショックに対する備えはできるはずだ。ポートフォリオの傾向をしっかりつかんでおくことで，ヘッジの可否の判断が可能となるだろう。

9.3 スワップにまつわる実務上の問題点

以上で金利リスクが発生する原因とスワップの効果の概略を解説できた。しかし，スワップに対する疑問点・問題点がまだ残っているのが原因ですべて納得できて，すぐにでも金利リスクに対するスワップをかけようということにはなかなか結びつかないのが実情ではないだろうか。ここではそれらの問題点を指摘し，解決策を検討していくことにしよう。

|問題点|

①コストは発生しないということであるが，現実問題，固定金利と変動金利の差額については，どのように説明したらよいのだろうか。

|解決策|

スワップについては，契約した時点で該当の固定金利の支払利息分については契約と同時に放棄したと判断すべきものである。しかし，実質上または会計上，資金決済は最初の決済日から6ヶ月ごとに行われるので，固定金利と変動金利の利息の差額を決算補正として貸出金利息から減額するという処理を行わなければならない。つまり，できるだけ概念に近い形に合わせた会計処理を実施することが必要となる。

|問題点|

②運用部門からは，スワップによる利益が保証されないことを問題視され，利息の受払いにおける「勝ち負け」にこだわって，スワップの発動

を反対されてしまう。

[解決策]

　運用部門とは立場が違うことをよく説明すべきである。ヘッジ目的のスワップについては，あくまでも金利の交換によって『変動金利化』することが大きな目的であり，ディーリングにより利益をあげることが目的ではないということを強調する。また，スワップをかける以前の話に戻って考える。本来ならば融資を実行するときに固定金利ではなく変動金利であれば，スワップをかける必要もなかったということを思い出してほしい。比較するならスワップだけでなく，その対象となる貸出金を含めた上での損益を計算して比較すべきである。スワップ単独で損益評価することは，ヘッジ目的のスワップにおいては意味がない。

　さらに，(図9.2) を見ればわかるが，貸出金金利3.0％のうち，スワップ5年もの金利0.35％だけが変動金利と交換されるのであって，貸出金金利3.0％すべてが変動金利と交換されるわけではない。つまり差額2.65％は確保されているということになる。貸出金金利は固定金利をベースとして付利された金利なので，スワップ金利の水準が低ければ，当初から変動金利融資であった場合より金利は確保できるものと思われる（例ではスワップ固定金利が低い水準のときの計算となっている）。

[問題点]

③特例処理，繰延ヘッジ（包括ヘッジ）の適用を受けるべきか。

[解決策]

　スワップについてはデリバティブに分類されるので，会計上，時価評価の対象になる。特例処理等においてはこの時価評価の対象から外れるという特典があるので，当然特例処理等に該当するケースでは，その適用を受けるべきである。

|問題点|

④スワップをかけるとしたら，想定元本はいくらにしたらよいのか。

|解決策|

　個別の証書貸付に対する包括ヘッジであれば，該当の貸出金のマチュリティに合わせてスワップを設計すればいいので，想定元本は貸出金と同額程度で問題ない。このように想定元本が逓減するスワップのことを「アモチゼーション[49]付スワップ」と呼んでいる。そして期間を通じて想定元本が一定であり，金利が固定金利とLIBORフラットであるスワップを「プレイン・バニラ」と呼んでいる。この場合は特例処理等の適用の可否を検討しなければならない。該当の貸出金残高がスワップの想定元本を下回るとオーバーヘッジとなり，特例処理等が適用できないケースがでてくる。それを防ぐためには期限前解約等による貸出金の減少を考慮したマチュリティを事前に予測した上で，想定元本を決定しなければならない。つまり想定元本の決定には慎重になる必要があり，スワップ自体を分割しておくことも必要となろう。

47　LIBOR（London Inter-Bank Offered Rate）…LIBORは参照レートとして広く利用されている。

48　『スワップの価格はこうして決まる』清水正俊・山田哲生，シグマベイスキャピタル（1997）

49　アモチゼーションとは，債券の購入価格が額面より高い価格で取得した場合に，満期まで保有した場合に得られるキャピタルロスを利息の一部とみなし，償還期間まで期間按分計上すること。ファイナンスの世界でアモチゼーションと呼ぶ場合，ローンの分割返済のことを指す。想定元本が一定でないスワップをノン・ブレットといい，アモチゼーション付スワップはそのひとつである。

第10章　デュレーションとコンベクシティ

10.1　デュレーションの2つの意味
10.2　デュレーションの計算
10.3　デュレーションの長所と短所
10.4　コンベクシティの概念
10.5　コンベクシティの計算

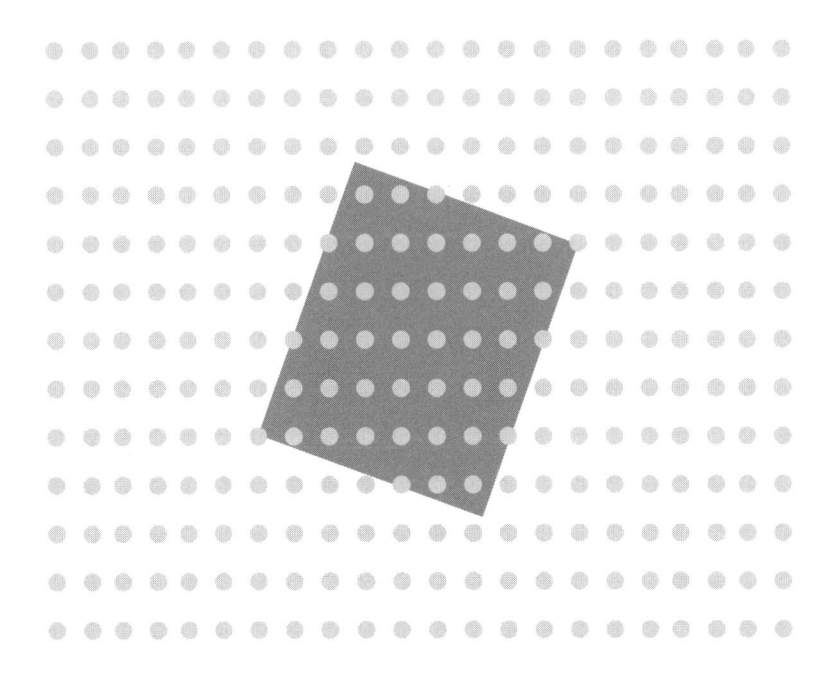

デュレーションとは，利回りの変化に対する債券価格の変化を示す指標である。VARの説明には直接関係しなかったので，ここで追加しておく。デュレーションは，主に債券のリスク指標として重要な役割を果たしている。個別資産のリスク量だけでなく，ポートフォリオ全体のリスク量も計測できるのでとても便利なリスク指標である。

　コンベクシティとは，利回りの変化に対するデュレーションの変化を示す指標である。デュレーションが債券価格の利回りに対する1次微分，コンベクシティは債券価格の利回りに対する2次微分であり，価格変化額の誤差を小さくする役割を果たしている。

10.1　デュレーションの2つの意味

　デュレーションには2つの意味がある。

①残存期間をキャッシュフローの現在価値の比率で加重した平均残存期間である。
②利回り変化に対する債券価格の弾力性（変化率）を示している。

　正確性を少し欠くが，①をもっと簡潔に言い表すと，「キャッシュフローの重心」というのが端的な表現だと思っている。もう少し正確にはキャッシュフローの現在価値の重心がいいだろう。後に出てくるデュレーションの計算シートは，その言葉どおりに計算する過程を示しており，とても理解しやすいものである。また，デュレーションの計算式を忠実に守って計算しているので，計算式と計算シートを見比べて確かめてみてほしい。

　②についても，「債券価格を利回りで微分したもの」，つまり，『微分』の概念そのものだ。利回りの変化に対して債券価格がどの程度変化するのかを示しているのがデュレーションということになる。

10.2 デュレーションの計算

債券価格とは，債券が将来生み出すキャッシュフローの現在価値の合計である。従って，

【10.1】債券価格の計算式

$$債券価格(P) = \sum \frac{C_t}{(1+r)}$$

これをrで微分すると，

【10.2】rで微分

$$\frac{dP}{dr} = \sum -t(1+r)^{-t-1} * C_t$$

$$= \underbrace{\underbrace{\frac{\sum -t(1+r)^{-t} * C_t}{P}}_{デュレーション} * \frac{1}{(1+r)}}_{修正デュレーション} * P$$

さらにこれを変形すると，

【10.3】変形（D_{MOD}：修正デュレーション）

$$\frac{dP}{P} = -D * \frac{dr}{(1+r)} = -D_{MOD} * dr \quad あるいは，\quad \frac{\varDelta P}{P} = -D * \frac{\varDelta r}{(1+r)} = -D_{MOD} * \varDelta r$$

この式は，債券価格の変化率を示している。つまり，

【10.4】価格変化率

価格変化率 = －修正デュレーション×利回変化

となり，さらに

【10.5】価格変化幅

価格×価格変化率 = $P \times \frac{\Delta P}{P} = \Delta P$ = 価格変化幅

となる。

図10.1 デュレーション計算シート

マコーレーのデュレーションと修正デュレーション

年数	キャッシュフロー	CFの現在価値	現在価値×年数	年数	キャッシュフロー	CFの現在価値	現在価値×年数	年数	キャッシュフロー	CFの現在価値	現在価値×年数
0	-100			0	-100			0	-200		
1	1	0.99	0.99	1	2	1.96	1.96	1	3	2.95	2.95
2	1	0.98	1.96	2	2	1.92	3.84	2	3	2.90	5.81
3	101	98.03	294.09	3	2	1.88	5.65	3	103	99.91	299.74
4				4	2	1.85	7.39	4	2	1.85	7.39
5				5	102	92.38	461.92	5	102	92.38	461.92
利回	1.00%	100.00	297.04	利回	2.00%	100.00	480.77	利回	1.62%	200.00	777.81
	マコーレーのデュレーション		2.97		マコーレーのデュレーション		4.81		マコーレーのデュレーション		3.89
	修正デュレーション		2.94		修正デュレーション		4.71		修正デュレーション		3.83

（図10.1）を説明しよう。まず計算シートを左側，真ん中，右側の3つに区分して考える。左側は期間3年の債券の計算，真ん中は期間5年の債券の計算，右側は2つの債券の合計で計算している。最上段の項目を見ると，「年数」「キャッシュフロー」「CFの現在価値」「現在価値×年数」とある。まず，キャッシュフローを入力し，その現在価値を算出する（CFの現在価値）。

次に，現在価値×年数は「キャッシュフローの現在価値の比率で加重する」ことを示している。ここでは正確には現在価値の比率で加重しているわけではないが，マコーレーのデュレーション算出でCFの現在価値の合計（100）で割り算しているので同じことになるわけである。左側の期間3年の債券と真ん中の期間5年の債券ではそれぞれ個々にデュレーションを算出し，結果として2.97と4.81という数値が計算される。

右側の2つの債券の合計（ポートフォリオの計算）では，「CFの現在価値」ベースで2つの債券の合計を計算し，上と同じように「現在価値×年数」の合計を出して「CFの現在価値」の合計で割ることでマコーレーのデュレーションが算出される。結果として3.89という数値が計算される。

10.3 デュレーションの長所と短所

ここでデュレーションの長所と短所を述べておく。

●長所
　①資産・負債の個々あるいは全体の金利リスクの計測が可能である。
　②さまざまな種類のリスクを統一尺度で計測できる。
　③適切なヘッジ量の目安の算出が可能である。
●短所
　①大きな金利変化には不向きである。
　②イールドカーブの平行移動を前提にしている。
　③満期を特定できない資産・負債には適用できない。

10.4 コンベクシティの概念

デュレーションを利用すると，利回りの変化に対して価格がどのように変化するかが概算できることがわかった。しかし実際の債券価格の変化は，デュレーションで計算した価格より少し多くなる。つまり，デュレーション

を補正するものがコンベクシティであるということができる。(図10.2) 価格変化率を見てほしい。一番上に位置する太線が実際の価格である。一番下の直線がデュレーションによる近似を示している。その2つの中間に位置する点線がコンベクシティによる近似である。デュレーションの短所①の「大きな金利変化には不向きである」を補正する役割を果たしているのがコンベクシティである。しかし，あくまでも補正であり，大きな金利変化に対しては誤差が生じることに違いない。

10.5 コンベクシティの計算

デュレーションを数式で表すと，

【10.6】デュレーション

$$\frac{dP}{dr} = \sum -t(1+r)^{-t-1} * C_t = \sum -t(1+r)^{-(t+1)} * C_t$$

これをさらにrで微分すると，

【10.7】rで微分

$$\frac{d}{dr}\left(\frac{dP}{dr}\right) = \frac{d^2P}{dr^2} = \sum t(t+1)(1+r)^{-t-2} * C_t$$

$$= \underbrace{\underbrace{\frac{\sum t(t+1)(1+r)^{-t} * C_t}{P}}_{\text{コンベクシティ}} * \frac{1}{(1+r)^2} * P}_{\text{修正コンベクシティ}}$$

【10.8】変形

$$\frac{d^2 \mathrm{P}}{\mathrm{P}} = \mathrm{C} * \frac{dr^2}{(1+r)^2} = \mathrm{C}_{MOD} * dr^2 \quad (C_{MOD}：修正コンベクシティ)$$

あるいは,

$$\frac{\triangle^2 \mathrm{P}}{\mathrm{P}} = \mathrm{C} * \frac{\triangle r^2}{(1+r)^2} = \mathrm{C}_{MOD} * \triangle r^2$$

債券価格Pを最終利回りrの関数として，テーラー展開すると，

【10.9】債券価格のテーラー展開[50]（2次まで）

$$\triangle \mathrm{P} = -\mathrm{D} * \frac{\triangle r}{(1+r)} + \frac{1}{2} * \mathrm{C} * \frac{\triangle r^2}{(1+r)^2}$$

つまり,

【10.10】価格変化率

価格変化率 ＝ －修正デュレーション×利回変化
$$+ \frac{1}{2} \times 修正コンベクシティ \times (利回変化)^2$$

という計算式となる。デュレーションのところでも同様な価格変化率の計算式があるので，比較してみてほしい。

図10.2 価格変化率

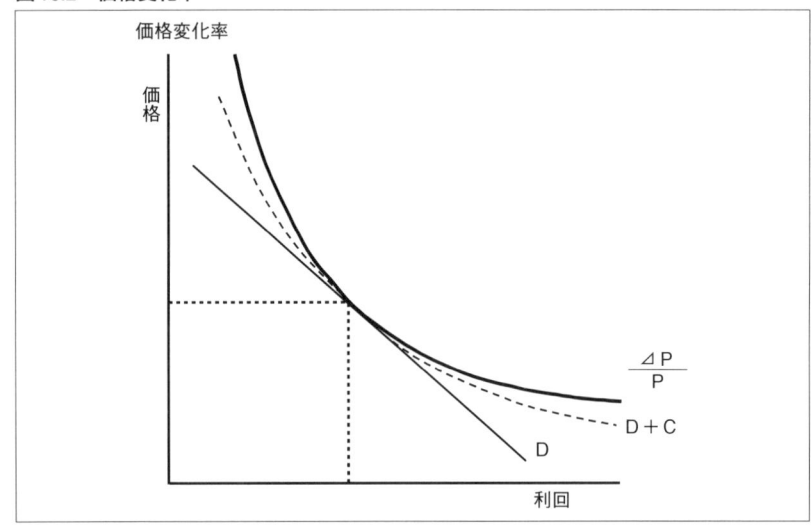

(図10.2) では太線⊿P／Pが実際の価格変化率の曲線となる。一番下に位置する直線 (D) はデュレーションによる価格変化率の1次近似である。中間の点線 (D + C) はデュレーションとコンベクシティによる価格変化率の2次近似を表している。デュレーションは曲線の傾きであり直線となるので利回の微小変化では誤差が小さいが，変化幅が大きくなると誤差が大きくなることがわかる。中間の点線は2次近似曲線であり，デュレーションだけの近似より誤差が小さくなる。

(図10.3) はコンベクシティの概念を示している。D1のデュレーションとD2のデュレーションでは傾きが異なる。この傾きの変動をリスクとみなし，傾きの変化率をコンベクシティと呼んでいる。デュレーションは1次近似，コンベクシティは2次近似ということになる。

デュレーションはVARが登場する以前に大いに役立つ指標として利用されてきた。現在でも債券のリスク指標としてごく当たり前に利用されている。特に，デュレーションは投資の平均回収期間としてとてもわかりやすい

図10.3 コンベクシティ

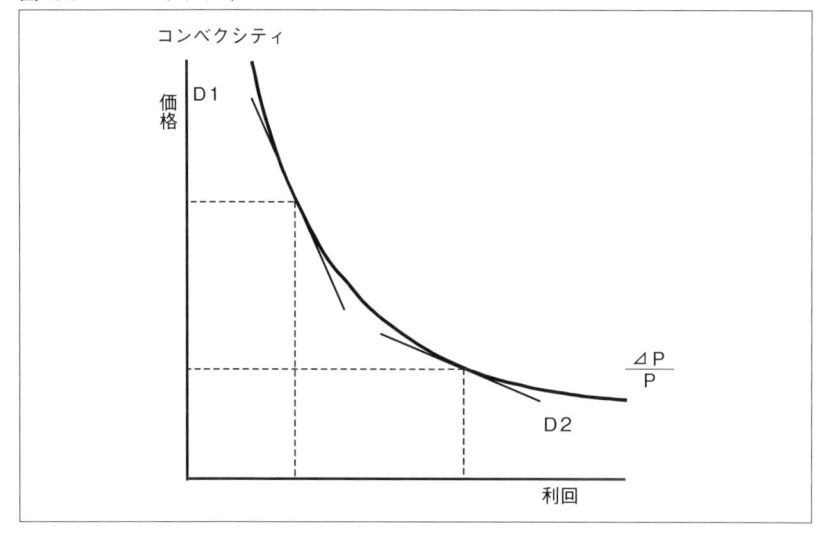

指標であり，今後も重要な指標として利用されていくものと確信している。また，債券だけでなく，預金や貸出金のデュレーションも簡単に計算される環境となっているので，自行の数値や傾向を知っておくことが重要である。

---

50 テーラーの定理

$f(x)$ が n 回微分可能ならば，区間 $[a,b]$ で

$$f(b) = f(a) + \frac{f'(a)}{1!}(b-a) + \frac{f''(a)}{2!}(b-a)^2 + \cdots + \frac{f^{n-1}(a)}{(n-1)!}(b-a)^{n-1} + \frac{f^n(c)}{n!}(b-a)^n$$

$(a<c<b)$ をみたす c が存在する。

テーラー展開

$$f(x) = f(a) + \frac{f'(a)}{1!}(x-a) + \frac{f''(a)}{2!}(x-a)^2 + \cdots + \frac{f^{n-1}(a)}{(n-1)!}(x-a)^{n-1} + \frac{f^n(c)}{n!}(x-a)^n$$

第11章　データに関するトピックス

11.1　ラダーとキャッシュフロー
11.2　ボラティリティ
11.3　バケッティング
11.4　保有期間

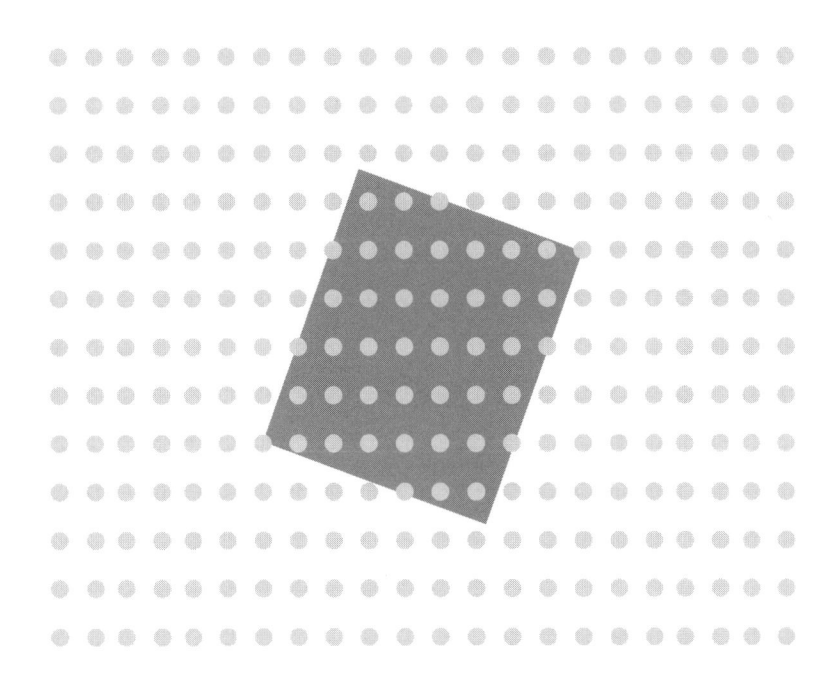

ここで扱うトピックスは，専門的なことがらを解説したものではなく，見過ごしかねない，ごくごく基本的なことがらを初心者にもわかるように解説していく。そこで実務担当者で十分に理解されている方々は読み飛ばしても何ら問題ないが，再確認の意味で一読はしてほしい。

11.1 ラダーとキャッシュフロー

ALM分析の基礎となるデータとして，「ラダー」と「キャッシュフロー」という言葉が頻繁に登場する。というのもラダーは期間損益の計算，キャッシュフローは現在価値の計算の基礎となっているからである。ここではラダーとキャッシュフローの，データとしての使われ方を重点に解説していこう。

11.1.1 ラダー

まず前提としてALM分析で扱う資産・負債は，金利に感応するものに限定している。金利に感応しない資産として代表的なものに，株式と投信[51]がある。一方，金利に感応しない負債としては，金利が0％である当座預金や決済性普通預金がある。

次に満期の概念を考える。金利感応資産・負債は満期があるものとないものに分類できる。ここで2つの満期の捉え方を示しておく。一般的に使っている満期の概念では約定で決めた満期日を指しており，これを資金満期と呼んでいる。これに対して，ALM分析で使用する満期の概念は，金利満期と呼ばれ，次回金利更改日を満期日として認識している。つまり，固定金利の場合は資金満期と金利満期は一致する。一方，変動金利の場合は，金利満期は次回金利更改日となる。具体的には，毎月金利の見直しをする連動金利貸出金の金利満期は翌月の応答日となる。また，半年ごとに金利の見直しをする変動金利住宅ローンの金利満期は，当初より決定している金利見直し月の応答日ということになる。まとめておくと，ALM分析での満期の概念は，

金利満期であり，金利更改日を基準としている。

いよいよ本題に入る。ラダーとは，正確にはマチュリティラダーであり，直訳すれば満期のはしご[52]である。つまり，マチュリティラダーとは，金利感応資産・負債を，金利満期を基準として残存期間ごとに区分してひと括りにまとめ，それを表やグラフで表示したものである。また，ラダーと一言で言っているが，満期額ベースや残高ベース，あるいは月次平残ベースで捉えることが可能である。マチュリティラダー分析やギャップ分析では満期額ベースで捉えており，資金利益算出では月次平残ベースで捉えている。（図11.1）は基準月の残高を元に，単純に1年以内に金利満期を迎える残高を〜1年に合計し，1〜2年以内に金利満期を迎える残高を〜2年に合計し，……，と区分した残存残高をグラフで表示したものである（満期額ベース）。マチュリティラダー分析は次章で解説するので，そちらを参照してほしい。ここでは，資金利益算出においてラダーがどのように使われているかを見ていこう。

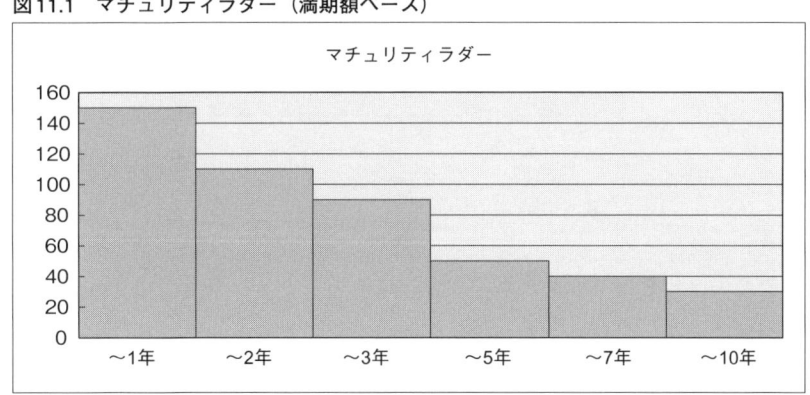

図11.1 マチュリティラダー（満期額ベース）

（図11.2）では資金利益の算出過程を図で表示している。当月は実際のデータそのものなので基準月として区別している。翌月以降に予測が入って

くる。ここでは翌月を例として計算過程を説明しよう。翌月の一番上の太線は予想残高である。一番下の実線で囲まれている部分が当月残高（基準月）より算出されたラダー（平残ベース）である。下から2番目（中央）は既存変動金利の更新分であり、一番上は純新規分である。それぞれに金利も対応しているので、翌月の資金利益は、翌月の純新規分の残高（平残ベース）と金利さえ決まれば、それぞれの残高と金利を掛け合わせ合計するだけで簡単に計算できる。つまり、資金利益算出の基礎となっているのは、一番下に位置する平残ベースのラダーであり、これを「生残残高（いきのこり）」と呼んでいる。

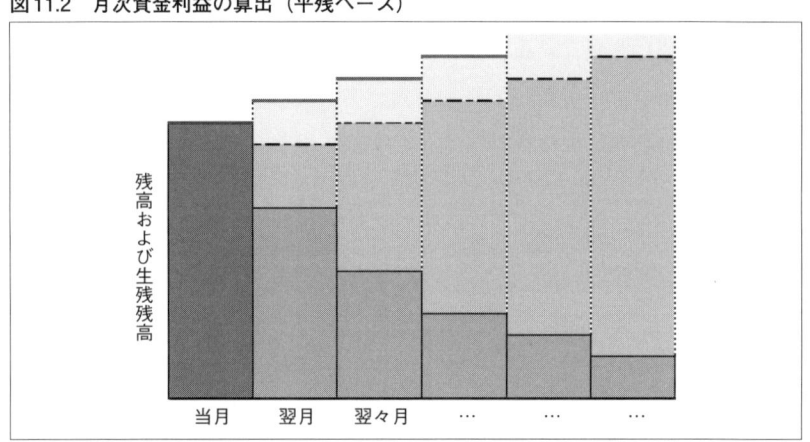

図11.2　月次資金利益の算出（平残ベース）

11.1.2 キャッシュフロー

　資産の価値とは、資産が将来生み出すキャッシュフローの現在価値の合計を指している。これは、第3章基礎概念3.3キャッシュフローで述べた言葉をそのまま再掲した。つまり、ここでいうキャッシュフローとは、資産が将来生み出すキャッシュフローのことを指している。現在価値の計算は、まさに冒頭の資産価値を算出することそのものである。債券のキャッシュフローを例として考えると理解しやすい。キャッシュフローの図も再掲する。

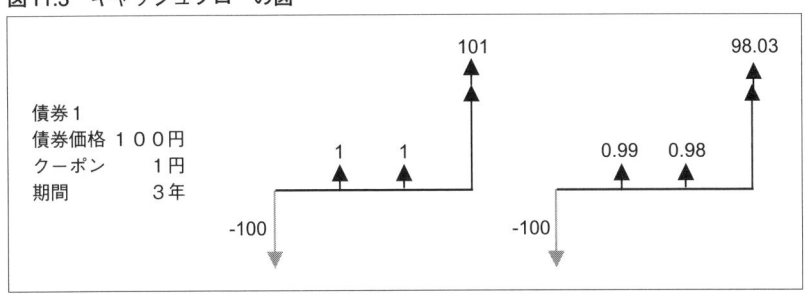

図11.3 キャッシュフローの図

債券1
債券価格　１００円
クーポン　　１円
期間　　　　３年

101　　　　　　　98.03
1　1　　　　　0.99　0.98
-100　　　　　-100

債券のキャッシュフローは金額が一定の，特殊だがわかりやすいケースである。左図は将来価値（残高ベース）で表示しており，右図は現在価値で表示している。一般的に，「キャッシュフローが立つ」という言い方をし，このキャッシュフローの立ち方が正しいか否かを検証することが重要となり，この検証によってミスが発見できる（第3章参照）。

11.2　ボラティリティ

ボラティリティを算出するための，収益率の捉え方を検討しよう。簡単に言うと，「変動幅と変動率」の問題である。たとえば，1円の変動を例にとると，元の基準となる価格が100円であれば1％の変動であるが，元の基準となる価格が10円であれば10％の変動となる。同じ1円の変動でも捉え方の違いにより，このように10倍にもなってしまう。単純に考えれば，価格の変動を扱う場合では変動率を採用するのが望ましく，金利の変動を扱う場合では変動幅を採用するのが望ましい，と考えられる。

本書では，後者の金利の変動を扱うケースに当たり，変動幅を採用するのが望ましいことになる。しかし，上記の説明における，元の価格の違いを検討してみると，比較の対象となるのは自行のポートフォリオにおける推移であり，桁が変わるほどの大きな変化があるとは考えにくい。つまり，変動幅でも変動率でも大きな違いはないと思われる[53]。そういった大きな変化が生

じた場合は過度に反応することが予測できるが，通常の金利水準であれば影響は少ないものと判断できる。さらに，変動率においても対数収益率か，収益率かという議論もされている。

【11.1】収益率の計算式

$$対数収益率 : \log\left(\frac{S_t}{S_{t-1}}\right)$$

$$収益率 : \frac{S_t - S_{t-1}}{S_{t-1}}$$

両者の差は微小であり，無視しても差し支えないと思われる。RiskMetricsでも，近似的に等しいことを示している。また，対数収益率は価格に変換した場合に非負が保証されるので，価格変化のケースでは対数収益率が採用される場合が多い。さらに，対数収益率は実際の計算ではとても扱いやすいので，その面から対数収益率を使うということも考えられる。

11.3 バケッティング

バケッティングとは，キャッシュフローを，それが発生する時点をはさむ2つのグリッド・ポイントに分解することである。実際のキャッシュフローを考えてみると，すべてのキャッシュフローの発生時点がグリッド・ポイントと一致することはとうてい考えられない。そこでバケッティングによってキャッシュフローをグリッド・ポイントに合わせるという作業が必要となる。

簡単な例を考えてみる。キャッシュフローが時点3.5年に立っている債券があるとしよう。採用しているグリッド・ポイントは，RiskMetricsにおけるグリッド・ポイントを例とする。具体的には，1ヵ月・3ヵ月・6ヵ月・12ヵ月・2年・3年・4年・5年・7年・9年・10年・15年・20年・30年の14種類となる。時点3.5年の債券のキャッシュフローは3年のグリッド・ポ

イントと4年のグリッド・ポイントの間にあるので，キャッシュフローをそれぞれのグリッド・ポイントに分解していくことになる（（図11.4）ではnが3.5年とすると，iが3年，jが4年のグリッド・ポイントになる）。

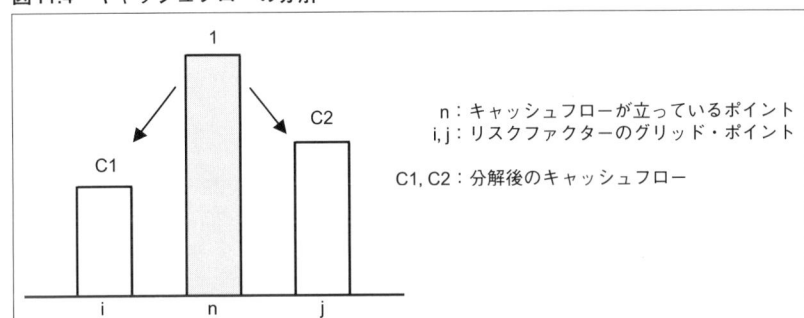

図11.4　キャッシュフローの分解

n：キャッシュフローが立っているポイント
i,j：リスクファクターのグリッド・ポイント
C1, C2：分解後のキャッシュフロー

『金融工学とリスクマネジメント』吉藤茂，きんざい（2005）

（図11.4）ではキャッシュフローの分解の方法を図示している。分解の方式には以下のように2種類ある。

①キャッシュフローの価値とリスクが変化しない方式
②キャッシュフローの価値とセンシティビティが変化しない方式

詳細については『金融工学とリスクマネジメント』［吉藤］等を参照されたい。ここでは，バケッティングには2つの手法が存在していること，さらには自行のシステムではどちらの手法を採用しているかを認識する必要があることを確認しておく。

11.4　保有期間

保有期間は，自己のポジションを閉じるのにかかる日数を目安にしてい

る。商品性やその商品の流動性によって，それぞれに適した値を適用することになる。たとえばBIS規制においては，トレーディング勘定の商品では10日（営業日ベース＝2週間）となっている。また，新BIS規制の第2の柱，銀行勘定の金利リスクでは，保有期間は240日（営業日ベース＝1年）となっている。

　リスクファクターは日次データとして得られ，これをもとに日次収益率を算出している。さらに，日次収益率をもとに10日収益率を算出する必要がある。この方法として，Box-Car法，Moving-Window法，ルートt倍法という3つの方法が提案されている。詳細については，『市場リスクの計量化とVaR』［山下］を参照してほしい。

　実務的には，たとえば新BIS規制における保有期間240日を例にあげると，営業日ベースのリスクファクターを観測期間に従い順番に並べる。基準日の値とその240日前の値との差分を計算する。これを基準日より前方向に1日ずつずらして差分を計算していくと，〔観測期間 − 240〕個の収益率が得られる。

　また，ルートt倍法は日次のボラティリティに基づき，10日間のボラティリティを計算する方法である。この方法は日次データに系列相関がないという条件の下，10日間のボラティリティは日次データのボラティリティの$\sqrt{10}$倍になるという性質を利用している。【6.2】式と【8.2】式は，このルートt倍法を使って表したVAR計算式である。ただし，ルートt倍法では，IID (independently and identically distributed)，すなわち，日次データが同一かつ独立の分布に従うことを仮定している。現実の観測データにおいてはトレンドが存在しており，おおむね上の仮定に従っていないと考えられている。つまり，保有期間の短い場合は良いが，保有期間が長期間になるケースでのリスク計測はむずかしいといえよう。あくまでもルートt倍法は近似値を求めるための簡便法であることを承知しておいてほしい。

　冒頭でポジションを閉じる日数が目安となっていることを述べた。実務的

にはリスク管理委員会等の意志決定機関の開催頻度に合わせる方法が多く見られ，1ヵ月（営業日ベース20日）を保有期間とするケースが圧倒的に多くなっている。

　結論としては，先に挙げた実務的な方法で対応できる状況であれば，それがより望ましい。また，簡便法による近似値でかまわないという状況であれば，ルートt倍法でも問題ないだろう。商品の特性によって，あるいはポートフォリオに与える影響度によって，手法や保有期間を変えることも考えられる。

51　全く金利に感応しないということでもないが，価格感応の基準となる主体が金利ではないことを指している。株式や投信では金利リスクではなく，価格変動リスクとして別枠で捉えることになる。
52　グラフ化すると，はしごのような形に見えるのかもしれない（図11.1参照）。
53　算出結果が変わらないということではなく，算出結果のレベルがそれぞれのケースで大きくブレないことを指している。変動幅と変動率での計算結果はかなり違うことが知られている。

第12章　分析に関するトピックス

12.1　マチュリティラダー分析とギャップ分析
12.2　ブートストラップ法
12.3　重み付け
12.4　バックテスティングとストレス・テスト
12.5　期待ショートフォール

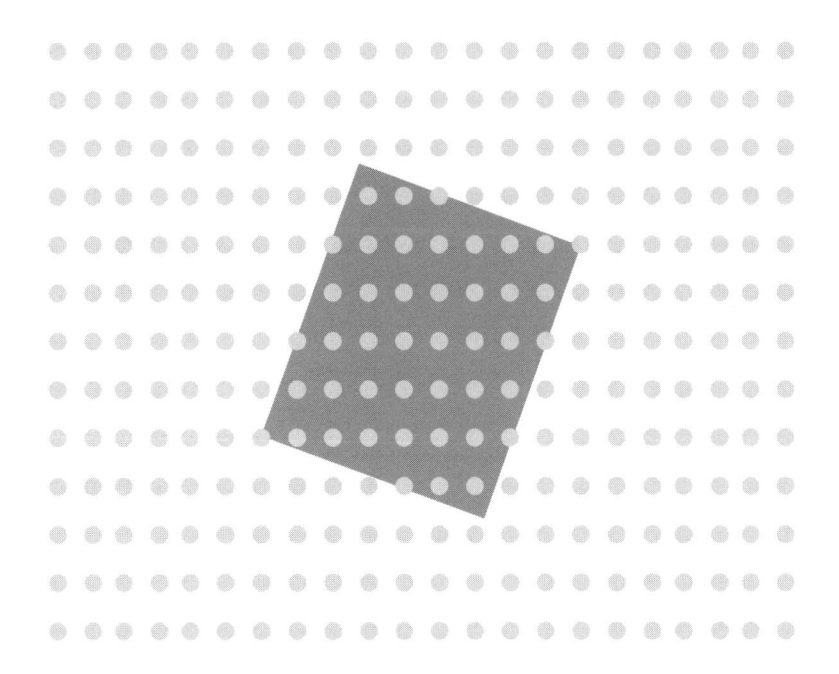

本章で扱うトピックスは、とても簡単なものから、非常に重要なことまで、さらにはこれからの課題となることがらも含めて概略を解説している。

12.1 マチュリティラダー分析とギャップ分析

マチュリティラダー分析は、現在保有している資産・負債を金利満期ベースで残存期間別に集計したものである。(図12.1) では、資産をプラス方向に、負債をマイナス方向に表示している。マチュリティラダー分析では、期間のミスマッチと呼ばれる、リスクの所在を確認できる。

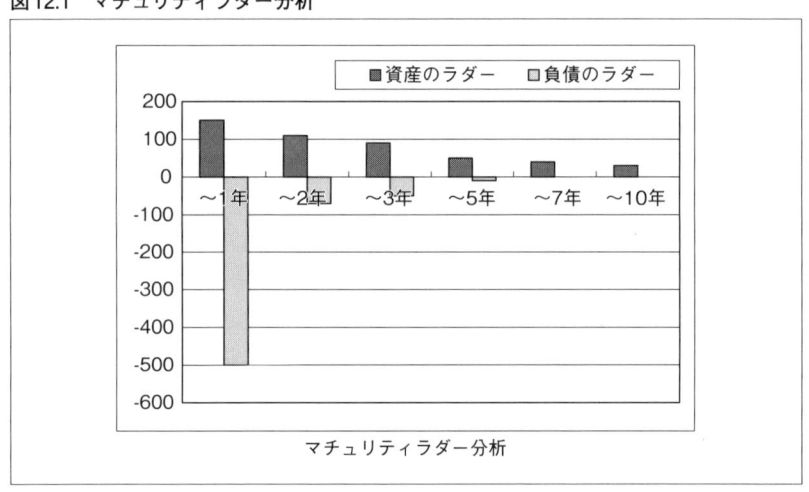

図12.1　マチュリティラダー分析

ギャップ分析は、マチュリティラダー分析表で表示した棒グラフの差額に注目し、差額(ギャップ)だけを表示したものである。

(図12.2) を見ると、1年ゾーンでギャップが大きくなっている。つまり、1年ゾーンに期間のミスマッチというリスクがあることが明らかとなる。しかし、リスクの所在はわかるがリスクの金額はわからないという欠点がある。なぜならば、残高ベースで集計しており、期間の異なる資産・負債を将来

図12.2　ギャップ分析

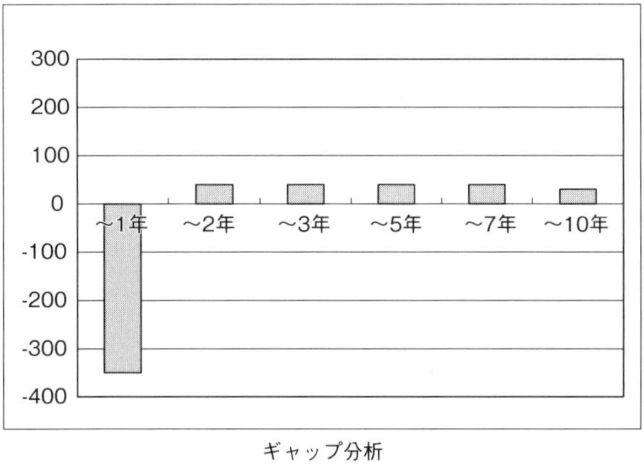
300
200
100
0
-100
-200
-300
-400
～1年
～2年
～3年
～5年
～7年
～10年
ギャップ分析

価値ベースでそれぞれに単純合計しただけだからである。おおよその金額は把握できるが，それ以上のものではなくリスクの金額を示しているわけではない。この問題を解決するのが，第5章で示した現在価値ベースのギャップ分析であり，この方法では，リスクの所在とその金額を明確に把握できる。

12.2　ブートストラップ法

ブートストラップ法はEfron（1982）によって提案された手法であり，20世紀後半の統計科学におけるもっとも重要な進展のひとつである。以下にブートストラップ法のメリット[54]を述べておこう。

①ブートストラップ法によって推計された平均および標準偏差は，ヒストリカル法による標準偏差を反映したものになる。

②ブートストラップ法をデルタ法と比較すると，ヒストリカル法と同様に正規分布などの確率分布を仮定していないので，Fat-tailなどの非正規性の問題をより合理的に処理できる。

③ブートストラップ法をヒストリカル法と比較すると，データセットの数をいくらでも増やせるため，データ数が少ないために生じていた推計誤差を弱めることができる。

④ブートストラップ法では，推計された統計量（平均，標準偏差，VAR，など）の推計誤差を正確に知ることができる。ヒストリカル法では，統計量の推定誤差を1つの値で表すことはできるが，それがどちらの方向にどのような形状で誤差を含んでいるのか，表すことができない。しかし，ブートストラップ法では推計誤差をヒストグラムのように，不定形の分布型で表すことができる。

ここでブートストラップ法を取り上げたのには当然訳がある。まず最近の動向を見ると，分散共分散法やモンテカルロ法からヒストリカル法へと，手法選択が移行している傾向がある。さらにブートストラップ法はヒストリカル法の亜流として以前から取り上げられており，実務におけるデータ検証では頻繁に使用されているが，直接的なデータ計測には使用されているという事例をあまり聞かなかった。しかし，ブートストラップ法はその有効性も期待され，VARのより安定した推定値が得られると考えられている。本書ではヒストリカル法と対比させる手法として，このブートストラップ法に注目したい。ここでブートストラップ法によるVAR推定の手順[55]を示しておこう。

① 基の標本セットとして$\{\varDelta P(1), \varDelta P(2), \ldots\ldots, \varDelta P(T)\}$が与えられたものとし，ここから重複を許して，無作為にT個の標本を抽出する（復元抽出を行う）。

② 抽出した標本セットに標本分位点法を用いて，VARの推定値を得る。

③ ①および②を多数回繰り返し，②で得た複数のVAR推定値の平均をVARとする。

こうして得られたブートストラップ法によるVAR推定値は，ヒストリカル法によるVAR値と比較することができると期待している。そして何よりも分布の裾のデータはデータ数そのものが少ないという問題があり，計測値に大きなぶれが生じる傾向がある。このブートストラップ法ではデータ数を増加させることができ，ヒストリカル法の問題点をクリアしている。それが大きなメリットとなっている。その平均を取ることで元のヒストリカル法による計測値と比較することができ，それから推定値を算出することができる。さらに次章で取り上げる「重み付け」も考慮すれば，より望ましい推定ができると考えている。

12.3 重み付け

保有期間でも述べたが，現実の観測データにはトレンドが含まれている。これに対して観測データをそのまま使うのではなく，直近のデータのウエイトを重くしてリスク計測したいという要求が出てくる。この方法が重み付けである。

まず，分散共分散法における重み付けの手法として，指数加重移動平均法（EWMA：exponentially weighted moving average）の概略を見ていこう。この手法は時間をさかのぼっていくに従って，ウエイトが指数的に減少していくモデルである。

【12.1】ウエイト

$$\alpha_i = \lambda_{i-1}(1-\lambda), \quad (0 < \lambda < 1)$$
$$\sum \alpha_i = 1$$

α_i：1点におけるウエイト
λ：減衰係数

　RiskMetricsでは，EWMAモデルを利用し保有期間1日では $\lambda = 0.94$，20日では $\lambda = 0.97$ を採用している。

図12.3　EWMA

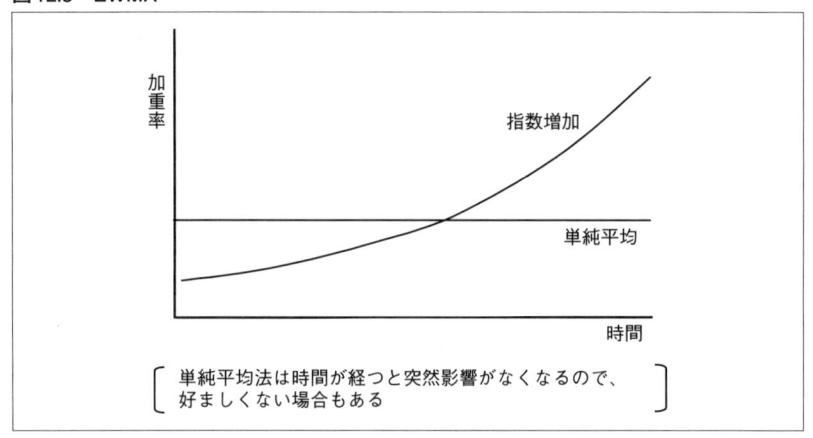

[図：加重率を縦軸，時間を横軸にとり，指数増加の曲線と単純平均の水平線を比較。下部に「単純平均法は時間が経つと突然影響がなくなるので、好ましくない場合もある」との注記]

『Excelでわかる市場・信用リスク管理』有浦義明，きんざい（1998），p52

　次にヒストリカル法における重み付けの方法として「Kernel平滑化法」の概略を簡潔に述べておく。信頼水準99％のVARを求めるときに，1％目のデータだけを用いるのではなく，その前後の値も使って重み付けしながら，変化を滑らかにしようとする方法である。

12.4　バックテスティングとストレス・テスト

　VARを補足する手段として，バックテスティングとストレス・テストの概略について解説していこう。

12.4.1 バックテスティング

　バックテスティングとは，結果としてのVAR値を，ポートフォリオの価値変化と比較して，内部モデルの妥当性を検証することである。株式のバックテスティングであれば，結果としての実際の価格変動を日々知ることが可能なので，日次のVARさえ計測できればその比較は簡単である。しかし，預貸金の金利リスクや銀行勘定の金利リスクについてバックテスティングをしようと考えた場合，日々の変動データではなく月次の変動データによるバックテスティングとなることが想定される。そうなると，データを蓄積するだけでも多くの時間を要するにちがいないと考えられ，簡単にできるものではなくなる。

　バックテスティングを実施するときには，VARと比較する損益が実際の損益か，あるいは，仮想の損益か，という選択を考慮しなければならない。

①VARは，予想損失に対し自己資本が十分かどうかを測る指標であるという観点に立てば，実際の損益と比較するのが相応しい。
②VARモデルの妥当性を検証することが目的であるという観点に立てば，仮想の損益と比較するのが相応しい。

どちらの観点に立つかによって，つまり，目的に応じて使い分ける必要があり，2つの違いを明確に区別することが重要となる。

12.4.2 ストレス・テスト

　多くの金融機関では保有するポートフォリオに対してVAR計測に加えて，ストレス・テストと呼ばれるものを実行している。ストレス・テストとは，過去に観測されたいくつかの激しい市場変動と同じような事象が発生した場合，現在のポートフォリオがどのような影響を受けるかを推定することである。あくまでもVARを補足するもののひとつだが，自己のポートフォリオ

のウィークポイントを認識するにはストレス・テストは有効であると考えられている。

　新BIS規制，第2の柱におけるアウトライヤー基準（200bpの金利上昇等）も，監督当局によるストレス・テストによるモニタリングであり，地域金融機関に与える影響は非常に大きいと考えられている。

　以上のように，バックテスティングとストレス・テストは，VARを補足する手段であるが，VARによるリスク計測をする場合には必ず実施されるべきであることを十分認識してほしい。

12.5　期待ショートフォール

　期待ショートフォールとは，損失額がVAR以上となることを条件とした損失額の条件付期待値と定義されている。「VARを超える場合の，損失の平均値」という言葉で言い表すことができる。つまり，

　　　期待ショートフォール＞VAR

という関係が成立する。したがって，期待ショートフォールだけを使ってリスク管理しようとすると，VARによるリスク管理より緩くなるだろう。どちらかといえば，VARと期待ショートフォールの両方を使用してリスク管理する方が望ましいと考えられる。

　（図12.4）ではVARと期待ショートフォールの長所・短所をまとめている。もとをただせば，期待ショートフォールはVARの問題点を克服するものとして考案されたものである。とはいえ期待ショートフォールにも欠点があり，それぞれの欠点を補うよう活用するのが有益だ。そのためにはVARによるリスク量からリスク枠を決定するプロセスで，追加的に期待ショートフォールによるリスク量でバッファーを決定していくという方法が考えられる。つまり，期待ショートフォールによりバッファーの上限値を設定するという考え方である。すべてのリスクカテゴリーにこの考え方を適用する必要もなく，バッファーの設定が困難なリスクカテゴリーでは，この考え方はわ

図12.4　VARと期待ショートフォールの比較

	VAR	期待ショートフォール
長所	・VARによるリスク管理は自社の倒産確率と結び付いた形で理解することが可能。 ・バックテスティングが比較的容易。 ・業界標準的なリスク管理指標であり，算出のためのインフラが充実。	・VARで捉えられない信頼区間外のリスクも織り込んでいる。 ・分布の裾の操作が可能な状況でも，投資家に歪んだインセンティブを与える可能性は低い。 ・劣加法性を満たしている。 ・シミュレーション法でリスク計測を行った場合，ポートフォリオの最適化が容易。
短所	・信頼区間外のリスクを織り込んでいない（テイル・リスクの存在）。 ・分布の裾が操作できる状況では，テイル・リスクにより投資家に歪んだインセンティブを与える。 ・劣加法性を満たしていない。 ・シミュレーション法によりリスク計測を行った場合，ポートフォリオの最適化が困難。	・期待ショートフォールを用いると，「自社が倒産する確率を予め定めた一定値以内に抑える」という扱いができなくなる。 ・算出，バックテスティング方法が必ずしも確立されていない。 ・算出のためのインフラが整っていない。

『バリュー・アット・リスクのリスク指標としての妥当性について』山井康浩／吉羽要直，金融研究（2001）

かりやすく，かつ使いやすい。

　（図12.4）の期待ショートフォールの短所に述べられているように，「算出，バックテスティング方法が必ずしも確立されていない」ので，算出の方法でさえ，データ数の少なさ等により確立していない。日本銀行金融研究所のディスカッションペーパーでは，いくつかの論文が掲載されているが，その中でも「コピュラ」と「多変量極値理論」による方法だけが掲載されている状況である。片や，統計的手法による計測では，正規分布を仮定すれば簡単に算出可能だが，算出結果にどの程度の意味があるかは定かではない。詳細については，本書が扱う領域を超えているので，上記文献等を参照してほしい。

---

54 『市場リスクの計量化とVaR』山下智志，朝倉書店（2000）pp59-60

55 『ヒストリカル法によるバリュー・アット・リスクの計測』安藤美孝，日本銀行金融研究所（2003）

第13章　数学の補講

13.1　対数関数と自然対数の底（logとe）
13.2　微分

13.1 対数関数と自然対数の底（logとe）

　対数関数を扱うのは収益率の算出の部分である。本書では第11章で解説している。【11.1】式を再掲する。

【11.1】収益率の計算式

$$対数収益率 : \log\left(\frac{S_t}{S_{t-1}}\right)$$

$$収　益　率 : \frac{S_t - S_{t-1}}{S_{t-1}}$$

　上の式，対数収益率にlogが使われている。例えば，日次収益率を例にとると，分子S_tは当日の金利であり，分母S_{t-1}は前日の金利を示している。一般的にはどちらの収益率を使っているかは個別に確認する必要がある。どちらがいいかは一概に断定することはできない。第11章で述べているように，対数収益率は扱いやすいというメリットがある。

　それでは対数関数の特性について述べていこう。対数関数$y=\log x$は正確には $y=\log_e x$ のことである。e のことを自然対数の底と呼び，$e=2.718281828459045…$[56] となる無理数である。$y=\log x$は言い換えると$x=e^y$のことである。感覚的な表現としては，まずlogを取り，戻すときはexpで戻すという表現になる。Excel関数では$LN(x)$[57]，$\exp(y)$[58]で簡単に求まる。$y=\log x$と$y=e^x$は逆関数となっており，下記（図13.1）で示してあるように，直線$y=x$に関して対称となる。

図13.1 対数関数と指数関数

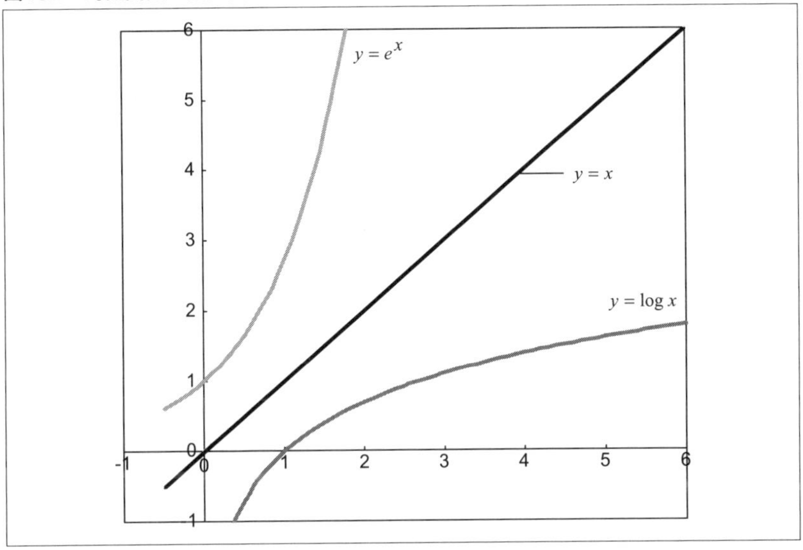

対数関数 $y=\log x$ の特性を述べると，

① $y=\log x$ は単調増加関数である。
② $y=\log x$ において，x が0に近づく（$x \to 0$）につれて，y はマイナス無限大に近づく（$y \to -\infty$）。
③ 対数関数は計算が簡単である。

$$\log x_1 + \log x_2 = \log(x_1 * x_2)$$

$$\log x_1 - \log x_2 = \log\left(\frac{x_1}{x_2}\right)$$

以上により，①より変換後の y の大小関係は崩れることがないことが分かる。②より非負が保証されることが分かる。さらに対数関数は計算が簡単で便利である。これが対数収益率が使われる理由である。

13.2 微分

13.2.1 微分の表記

$y = x^n + C$（Cは定数）をxで微分すると，

【公式1】 $\dfrac{dy}{dx} = nx^{n-1}$ （べき乗の微分）

となり，微分の基本である。一般化すると，

【公式2】 $\dfrac{d}{dx}\{f(x)\}^n = n\{f(x)\}^{n-1} * f'(x)$ （関数のべき乗の微分）

となる。関数の積の微分は，次式となる。

【公式3】 $(f(x) * g(x))' = f'(x)g(x) + f(x)g'(x)$ （関数の積の微分）

次に，2回微分について説明しよう。VARやデリバティブ理論で出てくる微分は2回までである。xによる1回微分はdy/dxである。yをxで2回微分するということは，

$$\dfrac{d}{dx}\left[\dfrac{dy}{dx}\right] \quad \text{あるいは} \quad \dfrac{d^2 y}{dx^2}$$

と表記される。$y = x^2$で実際に【公式1】に代入して表記してみよう。

1回微分　$y' = 2x$　　2回微分　$y'' = 2$　$(x^0 = 1)$　　となる。

13.2.2 関数の極限

微分は関数の極限という考え方に基づく概念である。

【13.1】関数の極限

$x \to a$のとき　　$f(x) \to b$ または $\lim\limits_{x \to a} f(x) = \alpha$

$x \to a$：変数xがaに限りなく近づく

変数 x が a に限りなく近づくとき，それに対応して $f(x)$ の値が一定の値 α に限りなく近づくならば，$x \to a$ のときの $f(x)$ の極限値は α である，という。

【13.2】極限値に関する公式 $\lim_{x \to a} f(x) = \alpha$，$\lim_{x \to a} g(x) = \beta$ のとき，

① $\lim_{x \to a} cf(x) = c\alpha$　　　（C は定数）

② $\lim_{x \to a} (f(x) \pm g(x)) = \alpha \pm \beta$　　　（複合同順）

③ $\lim_{x \to a} f(x)g(x) = \alpha\beta$

④ $\lim_{x \to a} \dfrac{f(x)}{g(x)} = \dfrac{\alpha}{\beta}$　　　（$\beta \neq 0$）

⑤ $\lim_{x \to \infty}\left(1 + \dfrac{1}{x}\right)^x = \lim_{n \to \infty}\left(1 + \dfrac{1}{n}\right)^n = e$　　　（e は自然対数の底 $= 2.7182\cdots$）

13.2.3　平均変化率・微分係数・導関数

平均変化率，微分係数，導関数はいずれも関数の傾きについての概念である。

①平均変化率は，$x = a$ から $x = b$ 間での間における関数 $f(x)$ の変化率を指している。つまり，線分 AB の傾きである。よって $\dfrac{f(b) - f(a)}{b - a}$ となる（(図13.2) では太い破線で表示）。

②関数 $y = f(x)$ において，x を a に限りなく近づけるとき

$$\dfrac{f(x) - f(a)}{x - a}$$

が一定の値に限りなく近づく，すなわち

$$\lim_{x \to a} \dfrac{f(x) - f(a)}{x - a} = \alpha$$

のとき，$f(x)$ は点 $x = a$ で微分可能であるという。α を $f(x)$ の $x = a$ における微分係数といい，$f'(a)$ で表す。上の式で $x - a = h$ とおくと，微分係数は次式のように表される（(図13.2) では細い点線で表示）。

【13.3】微分係数

$$f'(a) = \lim_{h \to 0} \frac{f(a+h) - f(a)}{h}$$

図13.2 平均変化率と微分係数

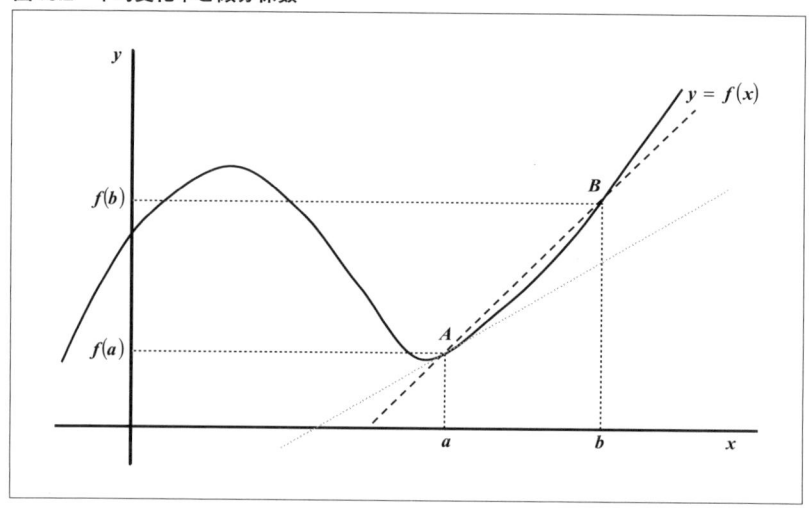

③関数 $y = f(x)$ がある区間で微分可能なとき，その区間内の任意の点 x における微分係数 $f'(x)$ はまた x の関数である。これを関数 $f(x)$ の導関数といい，$f'(x)$, y', $\dfrac{dy}{dx}$, $\dfrac{d}{dx}f(x)$ などで表す。

【13.3】導関数

$$f'(x) = \lim_{\triangle x \to 0} \frac{f(x + \triangle x) - f(x)}{\triangle x} \quad \text{あるいは} \quad f'(x) = \lim_{h \to 0} \frac{f(x+h) - f(x)}{h}$$

$f'(x)$ を求めることを，$f(x)$ を x について微分する，という。

13.2.4 テーラー展開

まず，テーラーの定理を示す。$f(x)$ が n 回微分可能ならば，区間 $[a, b]$ で

$$f(b) = f(a) + \frac{f'(a)}{1!}(b-a) + \frac{f''(a)}{2!}(b-a)^2 + \cdots + \frac{f^{n-1}(a)}{(n-1)!}(b-a)^{n-1} + \frac{f^n(c)}{n!}(b-a)^n$$

$(a < c < b)$ をみたす c が存在する。

【13.4】テーラー展開

$$f(x) = f(a) + \frac{f'(a)}{1!}(x-a) + \frac{f''(a)}{2!}(x-a)^2 + \cdots + \frac{f^{n-1}(a)}{(n-1)!}(x-a)^{n-1} + \frac{f^n(c)}{n!}(x-a)^n$$

テーラー展開の意味は，分析する関数が複雑でも $f(a)$ と微分を使って多項式で近似できる，ということである。

テーラー展開で $a = 0$ とおいた場合がマクローリン展開である。

【13.5】マクローリン展開

$$f(x) = f(0) + \frac{f'(0)}{1!}x + \frac{f''(0)}{2!}x^2 + \cdots + \frac{f^{n-1}(0)}{(n-1)!}x^{n-1} + \frac{f^n(0)}{n!}x^n$$

---

56 Naier（ネイピア）の数と呼ぶこともある。
57 自然対数を求める関数。
58 e のべき乗を求める関数。

おわりに

　本書は3つのレベルに分けて，そのレベルに合わせて項目を配分したものである。実務担当者については，すべてをじっくり読んでもらい，自行のシステムに照らして検証してほしい。また本書は，パッケージシステムを導入していて，かつ，当初から担当していたわけでなく，途中からALM分析やリスク管理をしなければならなくなった実務担当者を想定して書いている。もちろん私自身も含めてである。パッケージシステムのマニュアルや解説書は，プログラムを書いたSEが書いているので非常に理解しにくい（文句ではなく，読む側にプログラムに対する素養がまったくないということ）。また，参考文献に載せてある文献等も，初心者には理解しがたい，あるいはとっつきにくいという状況の中，実務担当者のほとんどはもっと理解しやすい書籍を欲している。本書は少しでもそれに応えようとして書いたつもりである。つまり，実務担当者にじっくり読んでもらい，よく理解してほしいというのが，著者としての私の願いである。そのあとで参考文献として挙げた文献についても再度読みこなしてほしいのである。必ずや新しい発見があるだろうと確信している。そのうえで自行のシステムがどのような手法を選択しているのか，どのようなパラメータを設定しているのかを明確にすることで，算出されたVAR値の信頼性を高めることに努めてほしいというのが，私の真の狙いなのである。そうすることで本当の意味での安心が得られるにちがいない。

　もちろん，経営陣，本部管理職，支店長の方々にも当然この程度の知識は持ち合わせてもらいたいという期待もある。といっても，彼らに本書を渡して読んでほしいと言うだけで事が済むわけではないだろう。必ずその後に実務担当者が経営陣等に対してフォローしなければならないはずだ。そのとき

に本書をうまく活用してほしいのである。皆が共通の内容を読むことで，自行における問題点を探しやすくなるだろうし，他人（経営陣等）に教えることが自分自身のさらなる理解を助けてくれることもまちがいない。

VARはもともとわかりやすい概念の手法である。単に理解できればいいというだけでなく，これをうまく使うことに時間を費やしてほしい。どうしたら計測したVAR値を読みこなせることができるかを検討してほしい。VAR概念の理解の次の段階，VAR運用へ進めることが本書の目標である。できれば，部署・チームの全員が同じレベルに達することをひとつの目標として，VAR運用への更なる飛躍を期待したい。

最後に，本書を執筆していてどうしてもお知らせしたいことがあったので，ここで書かせていただく。それは「基礎理論は時間がかかったとしても，疎かにすることなく繰り返し勉強すべき」ということである。本書を執筆するに当たり，当初，数学は取り込まない予定であったが，どうしても避けて通ることができなかったので追加したものである。そしてその基礎概念から学ぶことはとても多く，かつ有意義であり，さらに自分自身の理解を助けてくれる。実務家はどうしても基礎概念となると「いかに簡単に（時間をかけずに）理解するか」に力を注ぎ，より深く研究することに抵抗している。仕方ないことではあるが，できれば私の考えに賛同してほしい。必ずや，より深い理解に到達する大きな力となるにちがいない。

読者の皆さんが，VARの考え方を勉強するきっかけとして本書が役立つことを望んでいる。

本書の作成にあたり，TGSファイナンス研究会の同志である，中岡英隆さん（多摩大学大学院教授），深見佐和子さん，安座間務さんの三氏より貴重なご意見をいただいたことに心より感謝したい。

参考文献

① 山下智志（2000）『市場リスクの計量化とVaR』朝倉書店
② 吉藤茂（2005）『金融工学とリスクマネジメント』きんざい
③ 高島康裕（1998）『Value at Risk』銀行研修社
④ 木島正明（1998）『バリュー・アット・リスク』きんざい
⑤ 家田明（2001）『リスク計量とプライシング』朝倉書店
⑥ 有浦義明（1998）『Excelでわかる市場・信用リスク管理』きんざい
⑦ ニール・D・ピアソン（2003）『リスク・バジェッティングのためのVaR』パンローリング
⑧ 宮崎浩一（2005）『証券分析への招待』サイエンティスト社
⑨ 榊原茂樹・姜喜永・城下賢吾・福田司文（2005）『入門証券論　新版』有斐閣
⑩ 藤林宏・矢野学・岡村孝（2001）『証券投資分析　改訂版』きんざい
⑪ ジョン・ハル（2005）『フィナンシャル・エンジニアリング　第5版』きんざい
⑫ Joel Bessis（2002）『Risk Management in Banking 2nd』John Wiley & Sons
⑬ 可児滋（2006）『金融リスクのすべてがわかる本』日本評論社
⑭ 清水正俊・山田哲生（1997）『スワップの価格はこうして決まる』シグマベイスキャピタル
⑮ 東京大学教養学部統計学教室編（1991）『統計学入門』東京大学出版会

　上記，参考文献については，重要と思われる順番で掲載している。実務担当者においては，特に，①〜⑦までの文献については必須である。一部入手不可能な文献もあるが，できるだけ手元に置いて繰り返し熟読してほしい。⑧〜⑩は証券分析の基礎のため参考にしたテキストを掲示したものである。⑪以降はリスク管理・スワップ・基礎数学についての参考書として利用したものを表示した。

索引

あ行

相対取引 ……………………………………………………………… 32
アウトライヤー（outlier）………………………………………… 132
アモチゼーション付きスワップ ………………………………… 104
イールドカーブ（yield curve）…………………………………… 16
エクスポージャー（exposure）…………………………………… 88
重み付け ……………………………………………………………… 129

か行

観測期間 ……………………………………………………………… 69
危機管理（クライシスマネジメント）…………………………… 24
期待ショートフォール（conditional VAR）…………………… 132
キャッシュフロー（cash flow）………………… 38～40，116～121
ギャップ分析 ……………………………………………… 117・127
共分散（co-variance）……………………………………… 51・52
銀行勘定の金利リスク ……………………………………………… 73
金利スワップ ……………………………………………… 98・100
金利の期間構造（term structure of interest rates）………… 16・17
クーポンレート ……………………………………………… 32・33
グリッド・ポイント（grid point）……………………………… 61～63
繰延ヘッジ …………………………………………………………… 103
現在価値（present value）…………………………………… 106～109
コンプライアンスリスク ………………………………………… 22
コンベクシティ（convexity）…………………………………… 109

さ行

再投資レート ·· 35
市場分断仮説 ·· 18
指数加重移動平均法（EWMA） ····························· 129
資本配賦 ·· 78・79
純粋期待仮説 ·· 17
条件付確率 ··· 48
将来価値（future value） ······································ 63
職責分離 ·· 25
新BIS規制 ··· 26・27
信頼係数 ··· 88～93
信頼水準 ··· 91～93
スカラー ·· 43
スティープニング ·· 11
ストレス・テスト ·· 72
スポットレート ··· 17
相関係数 ··· 51・52
想定元本 ·· 98

た行

対数収益率 ·· 120
テーラー展開 ··· 141
ディスカウントファクター ····································· 14
デフォルト確率 ··· 27
デフォルト時損失率 ·· 27
デュレーション（duration） ··································· 88

デリバティブ (derivative) …………………………………………… 103
転置 (transpose) ……………………………………………………… 42
統合リスク管理 ………………………………………………………… 78
特例処理 ………………………………………………………………… 103
トレーディング勘定 …………………………………………………… 80
トレードオフ (trade-off) …………………………………… 37・38

は 行

配賦原資 …………………………………………………………… 78・79
バケッティング ……………………………………………………… 120
バックオフィス ………………………………………………………… 25
バックテスティング …………………………………………………… 73
バッファー (buffer) ……………………………………………… 78〜81
パラレルシフト ………………………………………………………… 11
ヒストリカル法 …………………………………………………… 68・93
非線形リスク …………………………………………………………… 95
標準正規分布 …………………………………………………………… 53
ブートストラップ法 …………………………………………… 127〜129
ファット・テール (fat-tail) ………………………………………… 92
フォワードレート ……………………………………………………… 17
ブラウン運動 …………………………………………………………… 54
フラットニング ………………………………………………………… 11
プレイン・バニラ (plain vanilla) …………………………………… 98
フロントオフィス …………………………………………………… 25・26
分散共分散法 …………………………………………………………… 68
変数の標準化 …………………………………………………… 51・52
ポートフォリオ (portfolio) ………………… 33・60・82・86〜88・131

ポートフォリオ効果 ……………………………………………… 87
包括ヘッジ ………………………………………………………… 103
ボラティリティ（volatility）……………………………… 70・88

ま行

マチュリティラダー（maturity ladder）……………… 117・118・126
ミドルオフィス ………………………………………………… 25・26
モンテカルロ法 ………………………………………………… 68・93〜95

ら行

ランダムウォーク ……………………………………………… 54
リスクアセット ………………………………………………… 27
リスクウエイト ………………………………………………… 27
リスク資本 ………………………………………………………… 78
流動性プレミアム仮説 ………………………………………… 17
ルートt倍法 ……………………………………………………… 70

英字

BPV（basis point value）………………………… 58〜60・69・70・74・75
CEO（chief executive officer）……………………………………… 24
GPS（grid point sensitivity）………………………… 61〜65・74・75
LIBOR（London interbank offered rate）………………… 98〜104
RAR（リスク調整後収益）……………………………………… 82
RAROC（リスク調整後資本収益率）……………………… 81〜83
TierⅠ自己資本（基本的項目）……………………………… 78
TierⅡ自己資本（補完的項目）……………………………… 78

<著者紹介>

吉田　洋一（よしだ　よういち）

1958 年　横浜市生まれ。
1982 年　青山学院大学経済学部卒業。
　同年　横浜信用金庫入庫。
2004 年　多摩大学大学院経営情報学研究科修士課程修了。
2006 年　東京スター銀行入行　リスク管理担当。
2007 年　新銀行東京入社　リスク管理担当を経て、現在フリー。

mailto: yy@mobio.info
URL: http://mobio.info/yym0000/mobio_index.html

金融機関役職員のための バリュー・アット・リスクの基礎知識

2007 年 7 月 10 日　第 1 刷発行

　　　　著　者　吉田洋一
　　　　発行者　清水正俊
　　　　発行所　シグマベイスキャピタル株式会社
　　　　　　　　〒103-0022 東京都中央区日本橋室町 1-7-1
　　　　　　　　　　　　　　　　　　　　　スルガビル 8F
　　　　　　　　TEL 03(5203)5505　　FAX 03(5203)5502
　　　　　　　　http://www.sigmabase.co.jp
　　　　印刷・製本　日経印刷株式会社

© Printed in Japan
ISBN978-4-916106-96-4
乱丁・落丁本はお取替えいたします。